Stephan Szugat

SE SENTIR GRANDIOSE :

C'est
ta
décision !

Comment changer vos sentiments
en décidant comment VOUS aimez vous sentir

Information Bibliographique de la Bibliothèque Nationale Allemande : La Bibliothèque Nationale Allemande a répertorié cette publication dans la Bibliographie Nationale Allemande; les données bibliographiques détaillées sont accessibles sur le site dnb.dnb.de.

Édition : BoD – Books on Demand, info@bod.fr
Impression : BoD – Books on Demand, In de Tarpen 42, Norderstedt (Allemagne)
Impression à la demande

1. Edition
Imprimé-ISBN: 9783754305270
eBook-ISBN: 978-3-7568-5873-6

Traduction en français, revue par luckifrog https://www.fiverr.com/luckifrog

Couverture réalisée par Stephan Szugat d'après l'image abstract-background-5185688 d'AbdulStudio https://pixabay.com/images/id-5185688/.

Courtoisie d'image pour les images et illustrations éditées ou non créées par l'auteur de ce livre :

L'image twister-303892 trouvée sur https://pixabay.com/vectors/twister-tornado-typhoon-spiral-303892/ a été utilisée comme base pour le graphique Twister de l'échelle émotionnelle créé par Stephan Szugat.

Avis de non-responsabilité

Table des Matières

Introduction

Ce que vous pourriez tirer de ce livre

Ce livre explique comment et pourquoi entrer vous-même dans la haute énergie pour vous sentir bien. Bien sûr, ce livre vous expliquera également comment RESTER dans la haute énergie, ainsi que ses inconvénients et ses avantages pour vous et les autres.

Il ne s'agit pas de pensée positive, ni de motivation ou de pleine conscience. Même pas la méditation ou l'état d'esprit.

De plus, ce livre n'a rien à voir avec des idées ésotériques ou hors de ce monde. Pas du tout. Il est basé sur mes propres expériences.

Et même si vous ne me connaissez pas encore, vous pouvez me faire confiance que je n'aime pas ces trucs fous dans le ciel ainsi que ces "Tu peux le faire aussi"-Blabla.

J'ai participé à de nombreux événements de motivation dans le passé, où l'on disait à tout le monde de danser et de taper dans les mains parce que vous êtes le meilleur.

Introduction

Quelques jours après l'événement, vous êtes de retour à la "vie normale". Je suppose que vous savez ce que je veux dire. Vous êtes suralimenté lors de ces événements, mais personne ne vous dit comment conserver votre énergie.

Surtout lorsque la prochaine mauvaise chose arrive ou même lorsque rien ne se passe pendant une longue période.

Cependant, j'ai toujours été à la recherche de quelque chose de plus durable. Il est intéressant de noter que lorsque vous vous observez et que vous essayez différentes choses, vous découvrez bien plus que ce que les autres pourraient vous dire sur vous-même.

Il s'agit de savoir comment gérer son énergie - et par conséquent, vous pouvez également influencer positivement l'énergie des personnes qui vous entourent.

D'accord, nous allons examiner la conscience de soi, qui est également une chose que vous faites avec la pleine conscience et d'autres approches. Pourtant, vous vous concentrez toujours sur l'énergie en utilisant les exercices de ce livre.

Oh, je n'ai pas mentionné que jusqu'à présent, oui, il y a des exercices dans ce livre. Et c'est une très bonne idée de faire ces exercices encore et encore.

Ne vous inquiétez pas, ils sont faciles et ne demandent qu'un peu de votre temps. Il se peut que vous ayez terminé un exercice en moins d'une minute, mais vous pouvez même y consacrer beaucoup plus de temps, si vous y prenez plaisir.

Par conséquent, les exercices ne demandent pas beaucoup de temps. C'est parce que je n'aime pas non plus les choses qui demandent beaucoup de temps.

En outre, il est facile d'intégrer les exercices dans votre vie quotidienne. Cependant, vous découvrirez qu'il est bon de prendre conscience de vos sentiments et de vos pensées.

La conscience de soi est l'une des nombreuses approches possibles. C'est à vous de choisir l'approche qui vous convient le mieux. Choisissez une approche qui résonne en vous. Une approche avec laquelle vous vous sentez à l'aise.

En restant dans la haute énergie, vous allez au-delà de la pensée positive ou du changement de mentalité.

Enfin, vous constaterez peut-être que je répète des choses ici et là. Ce n'est pas un accident, c'est fait exprès.

Et ce n'est pas pour remplir ce livre, c'est pour vous le rappeler. Nous apprenons par la répétition. Vous avez appris à marcher par la répétition.

Tout ce que vous avez appris, vous l'avez appris par répétition. Vous répétez les choses encore et encore jusqu'à ce que vous ressentiez "Ah-Ha, maintenant j'ai compris". C'est la même chose avec le sujet de ce livre.

Voici un résumé rapide de ce que vous pourriez tirer de ce livre :

▶ Comment entrer dans la haute énergie.
▶ Comment se loger à haute énergie.
▶ Exercices pour faire ce qui précède.

Quels sont les avantages pour vous ?

Comme nous l'avons déjà mentionné, il existe des méthodes simples pour vous permettre de vous relever.

Mais le plus important, ce sont les avantages que vous pourriez en tirer pour vous-même et pour les autres. Pourquoi pour les autres ? Pourquoi pas ? Je l'explique dans un instant.

Tout d'abord, voyons ce que cela représente pour vous personnellement. Ici, "personnellement" signifie tous les domaines de votre vie. Vous ne pourriez pas améliorer un domaine de votre vie sans en faire profiter les autres.

Vous finirez peut-être par avoir une vision plus claire de ce qui se passe en vous. Mais ce n'est pas tout. Vous pouvez obtenir plus de clarté sur ce que vous voulez de votre vie. Ce qui pourrait conduire à une meilleure prise de décision. Vous pourriez également obtenir plus de clarté sur vos relations. Ou même améliorer vos relations.

Et bien sûr, vous vous sentirez plus puissant ou même habilité. Il est possible que vous connaissiez certains des concepts que je décris dans ce livre. Mais le contexte dans lequel je vous les présente sera peut-être nouveau ou différent pour vous.

Mais, avec un peu de chance, vous aurez un aperçu des interconnexions que nous avons tous les uns avec les autres, ainsi que des interconnexions psycho-physiques en nous.

Cela me ramène aux avantages pour les autres. Eh bien, il se pourrait que d'autres personnes bénéficient également de votre énergie de plus en plus élevée. Comment cela se fait-il ? Vous vous sentez mieux, donc vous pouvez agir de manière plus aimante, plus polie, plus paisible. Et bien plus encore.

C'est un avantage pour les autres, car il est plus facile de s'entendre avec vous. Cela ne signifie pas que les autres sont autorisés à vous marcher dessus.

Vos relations peuvent s'améliorer, ce qui est un avantage pour tous ceux avec qui vous avez une relation. Et cela pourrait être un très grand nombre de personnes. C'est formidable. Imaginez que tout le monde aime être autour de vous et/ou aime faire des affaires avec vous. Je suis d'accord pour dire que c'est une belle image, mais cela pourrait ne pas arriver.

Il y aura toujours des gens qui ne vous aimeront pas. Ce n'est pas grave, nous n'avons pas besoin d'aimer tout le monde, et nous n'avons pas besoin de plaire à tout le monde. Accepter cette vérité aide aussi vos relations. Vouloir être la tasse de thé de tout le monde est un objectif inatteignable. Les autres peuvent être plus à l'aise avec vous lorsque votre énergie est élevée.

Mais ce n'est pas le sujet ici. Il ne s'agit pas de vous faire aimer. Il s'agit de vous faire prendre conscience de l'énorme pouvoir et de l'énergie qui sont en vous. Vous ne me croyez pas ? Vérifiez par vous-même. Mais qu'est-ce que vous y gagnez ? Ou autrement dit, quels sont les avantages que vous pourriez tirer de ce livre :

▶ Faire la lumière sur ce qui se passe à l'intérieur de soi.
▶ Gagnez en clarté sur les décisions à prendre (meilleure prise de décision dans les affaires et la vie).
▶ Se sentir mieux pour soi-même (plus heureux, plus confiant).
▶ Améliorer les relations avec les autres.
▶ Plus de liberté pour vous-même et pour les autres.
▶ Des méthodes simples pour augmenter votre niveau d'énergie.
▶ Reconnaître la quantité d'énergie dont vous disposez pour atteindre vos objectifs.

Ce que vous ne trouverez pas dans ce livre

Ce livre ne traite pas de la preuve scientifique. Par conséquent, je ne fournirai aucune preuve en mentionnant des études.

C'est parce qu'il existe de nombreuses études qui peuvent prouver mon point de vue et d'autres qui ne le peuvent pas. Les études sont donc une bonne option pour discuter et approfondir le sujet si vous êtes intéressé.

Cependant, pour moi, il est plus important de vous aider à faire l'expérience de ce dont parle ce livre. Des études vous aideraient à savoir intellectuellement de quoi je parle.

Mais votre propre expérience est bien plus importante. De plus, votre propre expérience vous apporte la vraie connaissance qui va au-delà de la connaissance intellectuelle.

La meilleure façon de se prouver les choses est de se permettre de les expérimenter. Mais n'oubliez pas que tout ce que vous faites à des conséquences. C'est pourquoi ce livre traite de vos expériences intérieures.

Si vous êtes intéressé par d'autres recherches de fond - sur ce que j'appelle la "haute énergie" - n'hésitez pas à faire des recherches sur Internet. Vous y trouverez de nombreuses études intéressantes.

Une autre chose que vous ne trouverez pas dans ce livre est un secret ou une astuce rapide. En effet, les sujets abordés dans ce livre n'ont rien de secret. Il existe différentes approches de la haute énergie. Mais il n'existe pas non plus d'astuce ou de méthode rapide pour y parvenir.

Vous devez faire les choses plus souvent pour obtenir des résultats. Bien entendu, cela ne signifie pas que les choses vont être difficiles. Elles peuvent sembler difficiles à faire, mais vous pouvez quand même le faire, car les méthodes que je vous montre sont simples.

Pourtant, vous devez le faire vous-même. Vous devez utiliser les méthodes décrites dans ce livre. Personne d'autre ne peut le faire à votre place.

Pour résumer, ce qui n'est pas dans ce livre :

▶ Référence à des études scientifiques.
▶ Pas de secrets ou de conseils rapides.
▶ Informations sur tous les types de raccourcis.

Un peu sur moi

Dans ma vie, j'ai beaucoup souffert de ne pas être assez bon, de ne pas avoir assez de succès, de ne pas avoir la vie que je voulais vivre, d'être en colère, d'avoir honte, d'être offensé par tout ce que les gens disaient.

Je suppose que cela peut vous sembler familier, car beaucoup de gens ont des expériences similaires dans la vie. Pourtant, les méthodes et les techniques que je partage avec vous dans ce livre m'ont permis d'acquérir des connaissances qui m'ont aidé à surmonter toutes ces émotions et ces revers.

Tout ce que je vous raconte dans ce livre provient de ma propre expérience. Cependant, ce livre ne parle pas de moi, il parle de votre expérience. C'est la leçon la plus importante que j'ai apprise dans ma vie. Si vous le vivez, vous le savez.

Introduction

Sinon, c'est bien que vous sachiez ce que j'ai traversé, mais en quoi cela vous aide-t-il à trouver vos propres réponses, votre propre source d'énergie ? Cela ne vous aide que dans la mesure où je peux vous indiquer où vous pouvez la trouver.

C'est pourquoi l'histoire me concernant est très courte.

J'ai commencé à m'intéresser à l'amélioration de soi et à la pensée positive lorsque j'avais environ 17 ans. Depuis, j'ai essayé et utilisé de nombreuses méthodes, mais je me suis rendu compte que la plupart d'entre elles étaient trop fastidieuses ou trop longues à appliquer au quotidien.

À l'époque, personne ne parlait de devenir ou de rester dans la haute énergie. Tout était axé sur l'amélioration de soi, c'est-à-dire sur le fait de se transformer pour devenir une meilleure personne.

Il s'agissait surtout de penser différemment. Honnêtement, cela demande beaucoup d'énergie. La plupart des pensées que nous avons chaque jour sont négatives. Vérifiez-le par vous-même en observant vos pensées. Dans les années où j'ai commencé, il s'agissait plutôt d'un mouvement ésotérique. Cependant, il y a eu beaucoup d'approches qui étaient déjà basées sur la science, mais extrêmement difficiles à intégrer dans votre vie quotidienne.

Au cours des 19 dernières années, j'ai travaillé en tant que consultant en gestion d'entreprise, notamment dans le domaine des finances et de la comptabilité. Cela m'a donné de nombreuses occasions de parler à des entrepreneurs, des propriétaires d'entreprises et des cadres et de reconnaître combien il est important pour eux de disposer d'outils faciles et efficaces. Non pas que vous ayez besoin d'être quelqu'un comme eux. Non, ce qui s'applique à ces personnes, s'applique à chacun d'entre nous.

Personne n'aime passer beaucoup de temps à changer les choses. Moi non plus. Sans le savoir, je cherchais sans cesse à trouver quelque chose de simple et facile à mettre en œuvre dans ma vie quotidienne.

Lorsque quelqu'un était intéressé, je pouvais lui donner quelques conseils sur ce qu'il pouvait faire lui-même. De cette façon, j'avais toujours une raison de poursuivre mes recherches.

Pour moi, il est essentiel d'être axé sur les solutions. Ce que j'ai appris au cours de ma vie et en observant la vie des autres, c'est qu'il existe une solution à tout problème ou question, si l'on est prêt à la chercher et à l'utiliser.

Il vous faudra peut-être un certain temps pour trouver/voir la solution, mais elle est disponible. Peut-être pas tout de suite. Continuez jusqu'à ce que vous l'ayez. J'en ai assez dit sur moi, je vais vous faire expérimenter une énergie plus élevée. Allons-y.

Mon histoire en quelques points :

- ► J'ai eu des moments difficiles, comme tous les humains.
- ► A commencé avec la pensée positive et d'autres approches à l'âge de 17 ans.
- ► Je suis surtout intéressé par les approches simples, faciles à mettre en œuvre dans la vie quotidienne.
- ► Être axé sur les solutions.
- ► Toujours prêt à apprendre.

L'étonnant pouvoir de rester en haute énergie

Avez-vous déjà ressenti un sentiment d'exaltation en présence d'une personne qui s'est enflammée pour quelque chose ? Je suppose que vous avez vécu une telle expérience. Au moins une fois dans votre vie, même si vous ne vous en souvenez plus.

Ici, être en feu signifie que cette personne rayonnait de l'intérieur, totalement immergée dans le sujet ou la tâche choisie. Quoi qu'il en soit, cette personne est restée au sommet de ce qui se présentait à elle. Vous vous êtes peut-être demandé d'où cette personne tirait toute cette puissance. Eh bien, la réponse est assez simple. Ils ont pris toute l'énergie de l'intérieur. Même si, ils l'ont fait inconsciemment.

La plupart d'entre nous peuvent dire : "Je n'ai pas un si grand pouvoir" ou "Je ne pourrais pas être aussi enthousiaste pour quelque chose". Vraiment ? Je crois que vous avez eu au moins une fois dans votre vie quelque chose qui vous a enthousiasmé. Mais quelque chose vous a fait vous arrêter en cours de route pour le réaliser ou pour continuer à le faire. Avec ce livre, nous ne nous penchons pas sur cette question.

L'étonnant pouvoir de rester en haute énergie

C'est plus important que tu reconnaisses que oui, il y avait quelque chose pour laquelle j'étais totalement en feu. Pour en revenir au sujet, il est bon d'être dans une énergie plus élevée, et cela a de nombreux avantages pour vous et pour tous ceux qui vous entourent.

Mais quels sont les avantages pour vous ? Vous vous sentez bien. Rien que ça, c'est un grand avantage. Vous êtes plus paisible, plus tolérant, plus positif. De plus, vous faites les choses plus facilement, vous êtes plus productif.

Et ce n'est pas tout. Le fait d'être dans une énergie supérieure est également bénéfique pour vous, car vous êtes moins stressé et votre santé en bénéficie. Comme si cela ne suffisait pas, être dans une énergie plus élevée profite également à votre environnement, c'est-à-dire à tout le monde autour de vous. Peut-être même tout le monde dans le monde, dans une certaine mesure.

À vrai dire, il semble que nous, les humains, n'ayons pas encore pleinement compris à quel point nous sommes interconnectés à tous les niveaux de la vie. Si nous comprenions, nous cesserions de nous faire du mal, même avec des mots.

Même la science est en train de le rattraper, notamment en physique quantique, où de nouvelles théories ou hypothèses intéressantes sur l'énergie que nous sommes ont vu le jour.

Dans le cadre de ce livre, nous nous contenterons d'examiner l'incroyable pouvoir de rester dans une énergie supérieure et d'explorer nos propres expériences plutôt que de plonger dans des théories scientifiques. L'expérience que vous faites vous-même est beaucoup plus importante que celle que vous lisez dans un livre ou que celle que vous entendez de quelqu'un d'autre.

Imaginez que vous êtes tout le temps joyeux, paisible et calme et que vous faites tout ce que vous voulez avec facilité. Est-ce que ça fait du bien ? Je pense que oui. Avez-vous reconnu le petit exercice que vous venez de faire ? Je vous ai demandé d'imaginer être joyeux, paisible et calme.

Vous ne pouviez pas imaginer l'être, sans l'être. Intéressant, non ? Ainsi, vous ne pouviez pas imaginer comment ressentir, vous le ressentez simplement. Maintenant, comment allez-vous vous sentir comme ça tout le temps ? Ensemble, nous allons y réfléchir et examiner les différentes options. Mais d'abord, nous devons aussi regarder d'autres choses.

Par exemple, nous devons nous pencher sur le lâcher prise des sentiments/émotions. Lâcher un sentiment/une émotion est similaire au fait de lâcher un crayon que vous tenez dans votre main. Vous le laissez simplement tomber. Avec les sentiments, c'est le même principe, pourtant vous ne pouvez pas voir vos sentiments ou les toucher.

Par conséquent, vous devez vous connecter à un sentiment/ émotion que vous aimez laisser aller et décider de le laisser tomber. C'est tout ce que vous devez faire. Lorsque vous vous sentez un peu plus léger, vous savez que vous avez laissé tomber ce sentiment/émotion.

Si vous êtes une personne plus visuelle, vous pouvez imaginer que l'énergie du sentiment s'évapore à travers votre peau ou s'écoule à la plante de vos pieds. Il y a tellement d'approches possibles ici. Faites-le de la façon dont vous vous sentez le plus à l'aise.

Comment votre niveau d'énergie influe sur votre capacité de prise de décision

Chacun d'entre nous a fait l'expérience que les décisions prises de mauvaise humeur peuvent ne pas donner les résultats escomptés.

Et pire encore, ils pourraient même vous nuire plus tard. Et "plus tard" pourrait même signifier des années plus tard.

D'un autre côté, si vous avez pris des décisions à partir d'une énergie plus élevée et plus positive, les résultats sont meilleurs et durent encore plus longtemps (du moins, la plupart du temps, c'est le cas).

C'est quelque chose que j'ai observé tant de fois. Pas seulement avec moi-même, mais aussi avec les autres.

Décider par peur, c'est se concentrer sur ce que vous ne voulez pas. Bien sûr, vous décidez de vous éloigner de cette peur.

Au début, il semble que tout va bien. Plus tard, il se passe quelque chose qui peut même sembler ne pas être lié à votre décision antérieure qui résulte de cette décision craintive.

Encore une fois, vous n'avez pas besoin de me croire. Enquêtez sur votre vie. Avez-vous déjà décidé d'être de mauvaise humeur ? Nous l'avons tous fait.

Quel a été le résultat ? Était-il bon ? S'est-il passé quelque chose plus tard, peut-être des années plus tard, où vous avez regretté cette décision passée ?

Ce ne serait pas une surprise pour moi. Oui, il y aura toujours des décisions pour lesquelles on se sent un peu nerveux ou incertain. Elles ont généralement ce sentiment de "Oh" avec elles. J'espère que vous comprenez ce que je veux dire.

Quoi qu'il en soit, il sera plus facile de prendre des décisions, lorsque vous êtes dans une énergie plus élevée. Cela ne signifie pas que la nervosité ou l'incertitude disparaissent. Vous êtes juste plus à l'aise avec ces sentiments.

Réfléchissez maintenant aux décisions que vous avez prises à partir d'un très bon sentiment. De quoi vous souvenez-vous ? Je suppose qu'il n'y a pas eu de retour de flamme plus tard, même des années plus tard.

Et je suppose que vous vous êtes senti bien et que vous avez eu une sorte de certitude quant à votre décision. Même si vous ne pouviez pas dire pourquoi vous étiez si sûr.

Si quelque chose vous a été renvoyé, cela n'a peut-être pas été aussi néfaste que des décisions prises sous le coup de la mauvaise humeur. C'est du moins mon expérience personnelle.

Voici une autre chose, comment votre niveau d'énergie influence votre capacité à prendre des décisions. Lorsque votre niveau d'énergie est faible en raison d'une mauvaise humeur, comme la peur ou l'hésitation, il y a une sorte de sensation de brouillard.

Vous avez l'impression de ne pas pouvoir former une pensée claire, alors que vous êtes conscient de tout ce qui se passe. Vous pouvez même vous sentir engourdi ou paralysé.

Prendre de bonnes décisions dans un tel état est difficile. Peut-être même impossible.

L'étonnant pouvoir de rester en haute énergie

Grâce aux méthodes présentées dans ce livre, vous avez la possibilité de vous sortir d'un tel état d'esprit et de prendre votre décision d'un meilleur endroit.

Vous n'avez pas besoin d'attendre de vous sentir bien pour prendre des décisions, vous pouvez agir activement sur votre humeur.

Transformer votre humeur demande du courage, de la volonté et de la détermination. Cela ne se fait pas tout seul. Vous devez décider et suivre votre décision.

C'est une chose simple, mais parfois pas si facile. Vous et moi le savons.

Voici donc les principales raisons pour lesquelles votre niveau d'énergie influence votre capacité à prendre des décisions :

► Les décisions prises sous le coup de la mauvaise humeur peuvent se retourner contre vous, même des années plus tard.
► Lorsque vous êtes de mauvaise humeur, vous pouvez vous sentir dans le brouillard, engourdi ou paralysé, ce qui n'est pas un bon état pour prendre des décisions.
► De meilleures décisions pourraient être prises à partir de niveaux d'énergie plus élevés.
► Vous vous sentez bien quand votre énergie est élevée.
► Vous êtes dans le "flux" lorsque votre énergie est élevée. Cela signifie que les choses coulent plus facilement - et même si les choses ne semblent pas couler facilement, vous pouvez toujours vous sentir relativement calme et accepter.

Comment vos sentiments affectent votre niveau d'énergie

Vos sentiments ont un lien direct avec votre niveau d'énergie. Si vous vous sentez déprimé, vous n'avez envie de rien faire. Si vous vous sentez excité, vous vous sentez prêt à tout entreprendre. Vous l'avez probablement vécu vous-même. Si vous vous sentez déprimé, il est difficile de commencer et d'accomplir quoi que ce soit. Lorsque vous vous sentez bien, tout coule de source.

Pourtant, il n'est pas nécessaire qu'une mauvaise humeur, une dépression ou une émotion négative ait un impact sur votre niveau d'énergie. En effet, nous pouvons examiner la cause de cette mauvaise humeur ou de cette émotion négative.

La plupart du temps, vous découvrirez que c'est un sentiment que vous avez et qui n'est peut-être pas lié au moment présent. Maintenant, vous avez le pouvoir d'écraser tout ce que l'esprit fait apparaître comme un sentiment. Votre pouvoir d'écraser l'esprit est dans votre décision. Vous pouvez décider de suivre les pensées et les sentiments négatifs, ou vous pouvez décider de les laisser aller et d'être positif quoi qu'il arrive.

Oui, cela peut ne pas être facile tout le temps. Cependant, c'est très simple. Vous décidez et vous vous en tenez à votre décision. Si vous plantez un arbre, vous ne le déterrez pas au bout d'une heure juste parce que vous ne voyez aucun progrès.

Si vous décidez d'être positif et que des sentiments plus négatifs surgissent, vous pouvez décider à nouveau d'être positif. Et vous pouvez le faire encore et encore et encore. Jusqu'à ce que vous vous sentiez de plus en plus positif.

L'étonnant pouvoir de rester en haute énergie

Vous n'êtes pas l'esclave de vos sentiments. Vous en êtes le maître ! De plus, vous vous autorisez à les vivre ou à les laisser partir et à être positif.

La façon de laisser partir un sentiment est quelque chose que vous connaissez depuis votre enfance. Vous avez peut-être simplement oublié comment le faire consciemment. Poursuivez votre lecture, nous aborderons plus tard la question de l'abandon de vos sentiments.

Il ne s'agit pas de supprimer vos sentiments en étant positif ou en les écrasant, mais plutôt de les accepter et de décider de se sentir différent. Accepter ses sentiments est peut-être la chose la plus difficile à faire quand on se sent vraiment déprimé. Cependant, c'est toujours vous qui décidez de vous sentir déprimé. Vous n'avez donc peut-être pas décidé d'accepter et de lâcher prise.

Faisons une petite expérience pour que vous compreniez mieux ce que je veux dire. Pensez à quelque chose qui vous tire vers le bas. Que ressentez-vous ? Ce n'est pas agréable, n'est-ce pas ? Pensez à quelque chose de gentil qui vous tire vers le haut ? Est-ce que cela vous fait vous sentir mieux ? Qui a décidé de ce sur quoi se concentrer ? C'était toi, non ? Je viens encore de vous donner un exercice, mais vous avez décidé de le faire.

Avez-vous eu besoin de supprimer les mauvais sentiments ? Non, vous avez simplement décidé de changer de centre d'intérêt et vous vous êtes senti mieux. N'est-ce pas facile ?

Cependant, il faut de la pratique et de la persévérance pour prendre ces décisions à nouveau. Il faut faire des efforts et avoir la volonté de continuer, quoi qu'il arrive autour de soi.

C'est votre décision, et vous ne pouvez décider que d'un côté de la pièce. C'est soit être négatif et se sentir mal, soit être positif et se sentir bien.

Vous ne pouviez pas vous sentir bien et mal en même temps. Ok, ce n'est pas toujours correct. Parfois, on se sent bien et mal en même temps. J'appelle ça des sentiments mélangés.

Il se peut que vous soyez enthousiaste à l'idée de vivre quelque chose de nouveau et qu'en même temps, vous vous sentiez nerveux ou anxieux. Lorsque vous prenez conscience de votre nervosité ou de votre anxiété, vous pouvez y remédier. Vous la laissez partir et vous vous concentrez sur le bon sentiment.

Maintenant, allons voir comment vos sentiments affectent votre niveau d'énergie.

Voici un autre exemple. Quand vous sortez du lit le matin, et que vous vous sentez déprimé. Comment se passe votre journée, alors ? Je suppose que ça ne se passerait pas aussi bien que ça le pourrait. Toi et moi savons comment on se sent ces jours-ci. Il y a tellement de choses que tu trouves que tu pourrais détester chez toi.

Cela semble être un flux sans fin de haine de soi et de désapprobation. Et en plus de cela, nous commençons aussi à faire du tort aux autres.

Vérifiez simplement si vous êtes productif ces jours-ci. Votre niveau d'énergie est-il élevé ou faible ? Il est probablement faible. Et vous ne voyez aucune chance de changer cela.

Cependant, ce ne sont que des sentiments et des histoires dans votre esprit. Vous les écoutez et leur donnez vie.

L'étonnant pouvoir de rester en haute énergie

Lorsque vous arrêtez de faire cela, vous pouvez constater que vous vous sentez déjà mieux. Lorsque vous commencerez à vous donner de l'énergie positive, vous serez beaucoup plus léger et vous vous sentirez encore mieux.

Vous avez peut-être aussi fait l'expérience que votre journée a commencé comme décrit ci-dessus, mais que quelque chose s'est produit pendant la journée et que votre humeur a changé.

A partir de ce moment, votre journée s'est déroulée de façon agréable. Avez-vous déjà cherché à savoir ce qui vous a fait changer d'humeur ?

Que tu l'aies fait ou pas, ça n'a pas d'importance maintenant. Tu pourrais le faire maintenant. Souvenez-vous simplement d'un tel jour. Cherchez le moment où votre humeur a changé.

Que reconnaissez-vous ? Est-ce que quelque chose s'est produit qui vous a fait changer votre décision sur ce que vous ressentez ? Je suppose que ça a été le cas.

Un autre exemple de la façon dont vos sentiments affectent votre niveau d'énergie : Imaginez que vous écoutez votre musique préférée. Comment vous sentez-vous ? Vous avez compris l'ambiance ?

Super. Maintenant, diriez-vous que vous vous sentez plus haut qu'avant, juste parce que vous écoutez votre musique préférée ? Avec un peu de chance, votre musique préférée est pleine d'ondes positives.

Si votre musique préférée a tendance à être mélancolique, ce n'est pas ce qui va vous donner de l'énergie. Elle risque plutôt de vous tirer vers le bas.

Ce qui ne veut pas dire qu'il est mauvais d'écouter ce genre de musique. Parfois, j'aime aussi ce genre de musique. Mais si vous aimez passer à la vitesse supérieure, vous aimez écouter quelque chose de positif et de vibrant.

Moi, par exemple, j'aime écouter une sorte de pop rock, de soft rock ou toute autre musique avec un rythme élevé. Tout de suite, je me sens beaucoup mieux. Cependant, vous devriez maintenant avoir une idée claire de la façon dont vos sentiments affectent votre niveau d'énergie.

Cela ne signifie pas que vos sentiments sont mauvais ou problématiques. Ce ne sont que des sentiments, et c'est à vous de décider si vous voulez les suivre ou faire quelque chose de différent. Bon, un autre exemple de l'effet des sentiments. Avez-vous déjà vécu une situation où un autre être humain vous a mis en colère ? Si non, vous avez beaucoup de chance, j'espère que vous le savez.

Eh bien, mais la plupart d'entre nous l'ont fait. Comment se déroule votre journée après un incident où vous avez ressenti beaucoup de colère ? Avez-vous été productif ? Ça dépend, non ? Peut-être que tu peux canaliser ta colère dans ton travail et t'en débarrasser de cette façon. Sinon, ça n'aurait pas été une si belle journée, je suppose.

Quoi qu'il en soit, vous avez encore compris le point. Vous n'êtes pas la colère. Vous pourriez suivre la colère ou décider de laisser tomber la situation et de passer à autre chose.

Enfant, vous avez fait cela de nombreuses fois, sans vous en souvenir. Examinons maintenant de plus près l'origine de ces sentiments, qui affectent votre niveau d'énergie.

L'étonnant pouvoir de rester en haute énergie

Vous trouverez ci-dessous une image qui visualise la façon dont les sentiments affectent votre niveau d'énergie et votre vie.

Encore une fois, il ne s'agit pas de faire quelque chose de mal. Nous parlons ici du conditionnement humain. De mon point de vue, c'est relativement simple.

Pourtant, il n'est pas facile de sortir du cycle du conditionnement humain d'un moment à l'autre. Mais c'est peut-être possible lorsque nous comprenons mieux le fonctionnement des sentiments et des pensées.

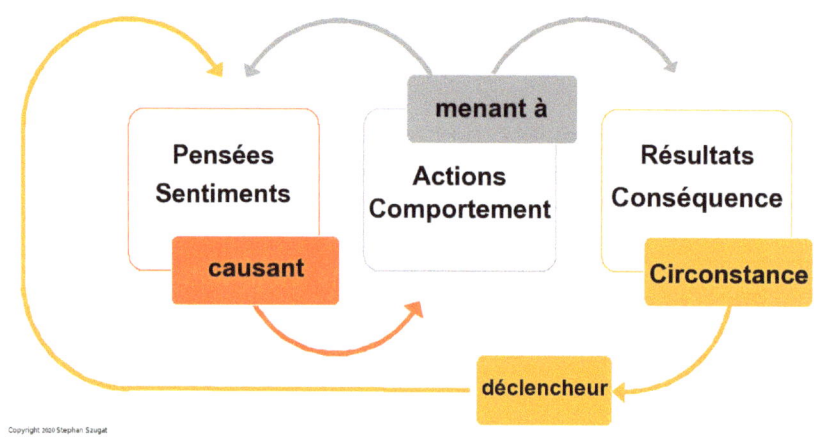

Regardez l'image ci-dessus. Vous voyez des "pensées et sentiments" qui provoquent des "actions et comportements" qui, à leur tour, mènent à des "pensées et sentiments" ainsi qu'à des "résultats et conséquences".

Les "résultats et conséquences" sont les circonstances créées par les "actions et comportements" que vous avez montrés.

Puis les circonstances déclenchent d'autres "pensées et sentiments" et le cycle recommence. Ce cycle fonctionne 24 heures sur 24, 7 jours sur 7. Même pendant que vous dormez. Dans ce livre, nous utilisons les "Sentiments" pour vous amener à une énergie plus élevée. Pourquoi cela ? Eh bien, comme vous avez pu le voir ci-dessus, vos sentiments sont en quelque sorte la cause profonde de ce que vous faites et de ce que vos résultats pourraient être.

L'impact est le plus fort avec vos sentiments. Les sentiments ont même un impact plus fort que vos pensées. C'est pourquoi il faut beaucoup de pensées positives pour changer les choses, mais beaucoup moins de sentiments positifs pour en faire autant. Ne me croyez pas. Vérifiez par vous-même. Le sentiment de peur est-il plus fort, ou la pensée de la peur ? Penses-tu simplement à la "peur" ou la ressens-tu également ? Parfois, le sentiment de peur peut nous donner l'impression que nous sommes sur le point de mourir - indépendamment de nos pensées rationnelles. C'est aussi la preuve pour vous-même que vos sentiments sont plus puissants que vos pensées.

D'ailleurs, les pensées et les sentiments jouent ensemble. Ils ne se produisent généralement pas séparément. Une pensée est une sorte de concept ou d'idée sur quelque chose. Selon le concept ou l'idée que nous avons de quelque chose, nous pouvons éprouver des sentiments différents. Il peut y avoir des idées qui nous font du bien, tandis que d'autres idées ou concepts sur notre vie peuvent nous faire du mal. L'esprit fonctionne par images, il ne peut pas comprendre les mots. Voici un test de cela : Pensez à un cheval. Votre pensée a-t-elle été C H E V A L ou avez-vous eu à l'esprit l'image d'un cheval ? Je suppose que c'était la seconde.

Assez de ce détour par l'esprit. Revenons à notre sujet. Maintenant, vous pouvez probablement mieux comprendre pourquoi la musique positive a un impact sur vos sentiments et donc sur votre niveau d'énergie.

À partir du niveau d'énergie plus élevé dans lequel vous vous trouvez, vous êtes plus susceptible d'effectuer les bonnes actions, et donc d'obtenir des résultats que vous aimez.

La plupart des pensées et des sentiments que nous éprouvons sont subconscients, ce qui signifie que vous n'êtes pas toujours conscient de la raison pour laquelle vous agissez d'une certaine manière. Si vous remarquez un comportement automatique, arrêtez-vous un instant.

Lorsque vous vous arrêtez, même au milieu d'un comportement automatique, vous êtes sur la voie de le changer. Mais ce n'est pas notre sujet.

Pour résumer, comment vos sentiments affectent votre niveau d'énergie :

- ► Se sentir négatif équivaut à un faible niveau d'énergie.
- ► Se sentir positif équivaut à un niveau d'énergie élevé.
- ► Les sentiments sont plus puissants que les pensées.
- ► Les pensées et les sentiments surgissent souvent ensemble.
- ► Il existe de nombreuses façons de vous tirer d'une mauvaise humeur.
- ► Rester de mauvaise humeur est votre décision (à chaque instant).
- ► Vous êtes responsable de ce que vous ressentez.

Votre niveau d'énergie et votre productivité

Lorsque votre énergie est faible, vous êtes beaucoup plus lent que vous ne l'étiez auparavant. Vos pensées et vos réactions peuvent être plus lentes. Et il vous faut plus de temps pour faire les choses. Même les choses de routine.

En cas de manque d'énergie, vous pouvez constater qu'il vous faut plus de temps pour comprendre les choses. Même suivre une conversation peut vous demander plus d'efforts que d'habitude.

Vous pourriez observer quelque chose comme cela lorsque vous vous souvenez avoir eu des maux de tête. Vous pouvez reconnaître que tout semble s'éterniser.

Lorsque vous avez des maux de tête, votre travail est également plus lent. Ce n'est pas la même chose que lorsque vous avez l'impression de tout maîtriser. Votre flux de travail pourrait alors être fluide et tout passerait facilement entre vos mains.

Avez-vous déjà vécu une telle journée, où tout était dans un flux harmonieux et où les choses étaient faites comme par magie ? Vous vous êtes peut-être demandé à la fin de la journée : "Comment ai-je fait ça ? En accomplissant tant de choses en une seule journée".

Eh bien, c'est être dans le flux d'une énergie supérieure. Vous pouvez créer ce type de "flux" pour vous-même, encore et encore. Cependant, vous ne pourriez pas le forcer. Non, alors ça ne se produira pas.

Comment je le sais ? Eh bien, j'ai essayé de le forcer tant de fois. Pourtant, quand je ne le force pas, ça marche le mieux.

L'étonnant pouvoir de rester en haute énergie

Ne vous inquiétez pas, je vais vous dire exactement ce que je fais. C'est tellement facile, je suis sûr que vous pouvez le faire aussi.

Il suffit de prendre une décision et d'être déterminé. Mais il n'est pas nécessaire d'avoir de la volonté.

En outre, elle ne nécessite pas d'effort de réflexion extrême. C'est également contre-productif.

Un environnement sans distraction peut aider mais n'est pas nécessaire non plus. Lorsque vous vous immergez totalement dans quelque chose, ce qui se passe autour de vous n'a aucune importance.

Ok, voici quelques points concernant votre énergie et votre productivité :

► Lorsqu'on se sent déprimé, toute tâche prend plus de temps.
► Lorsque l'on se sent bien, toute tâche est accomplie beaucoup plus rapidement.
► En étant dans une énergie élevée, vous pouvez réagir plus rapidement (physiquement et mentalement).
► Un travail plus harmonieux avec des niveaux d'énergie plus élevés.

Comment la haute énergie est irrésistible

La haute énergie est contagieuse. Vous ne me croyez pas ? En voici la preuve.

Avez-vous déjà été dans un groupe de personnes lorsque quelqu'un s'est mis à rire du plus profond de lui-même et que tout le monde s'est mis à rire aussi ?

Oui ? C'était une haute énergie contagieuse. La vraie joie est une énergie élevée. Si votre réponse était non, eh bien, voyons ce que nous pouvons faire.

Peut-être avez-vous vécu une expérience où une personne était enthousiaste à propos de quelque chose, et où son énergie vous a également tiré vers le haut. Ou vous avez simplement été étonné de la quantité d'énergie qu'une personne pouvait avoir.

Tout ceci est de la haute énergie. Ne vous intéressez-vous pas à la raison pour laquelle certaines personnes semblent avoir tant d'énergie et d'autres pas ?

Si non, pourquoi avez-vous acheté ce livre ? Sérieusement, vous devez avoir eu une bonne raison d'acheter ce livre. Si oui, c'est génial. Examinons quand même. Et nous examinons à nouveau ce sujet en nous regardant nous-mêmes.

Oui, pourquoi pas ? Vous pouvez dire "Oh non, je n'ai pas autant d'énergie que les autres". Vraiment ? Comment le savez-vous ? Avez-vous déjà essayé d'avoir autant d'énergie que les autres ?

Vous vous souvenez de ce que j'ai dit sur la connaissance ? La connaissance par l'expérience est la vraie connaissance.

L'étonnant pouvoir de rester en haute énergie

Par conséquent, découvrons comment et où trouver toute cette énergie élevée. Voici l'exercice :

Exploiter la haute énergie

Imaginez que vous faites quelque chose que vous aimez vraiment. Il doit s'agir d'une activité qui vous fait sourire, même si vous n'y pensez qu'en ce moment. Tu as quelque chose ? Super ! Maintenant, laissez venir cette énergie qui vous fait sourire. Avez-vous l'impression que vous aimeriez faire la chose en ce moment ? Si oui, alors c'est l'énergie que ces personnes ont en permanence.

Si vous ne ressentez rien, c'est peut-être que le sujet auquel vous pensiez ne vous intéresse pas à ce moment-là. Cherchez quelque chose qui suscite vraiment, vraiment une bonne vibration en vous. Si vous avez vraiment choisi quelque chose que vous aimez et que vous ne pouvez toujours pas sentir l'énergie augmenter, il se peut que vous résistiez ou ayez peur de vous concentrer sur ce sujet.

Acceptez la résistance ou la peur telle qu'elle est. Permettez-lui d'être ce qu'elle est, de l'énergie. Détendez-vous. Puis réessayez et permettez à l'énergie positive de monter.

Faites le point, où avez-vous trouvé l'énergie qui vous a fait sourire et vous a donné envie de faire ce que vous aviez imaginé ? En vous-même, n'est-ce pas ? Bien sûr, c'est le seul endroit où elle peut se trouver.

Comment l'avez-vous activé ? En pensant simplement à quelque chose que vous aimez vraiment.

Maintenant, ça pourrait être un indice ici. Tu as choisi quelque chose que tu aimes. L'amour est une énergie très élevée, si ce n'est la plus élevée de l'Univers.

D'un autre côté, que cherchons-nous tous ? Correct, l'amour. Tout le temps, nous cherchons l'Amour. On pourrait même dire que tout ce que nous faisons, c'est parce que nous cherchons l'Amour.

Cela vous semble fou ? Ça ne devrait pas, car c'est entièrement naturel. Regardez simplement à l'intérieur de vous-même, vous pourriez y trouver la réponse. Est-ce que c'est vrai ? L'amour n'est pas dans votre esprit. Il est en "vous".

La façon dont vous définissez "Vous" n'a pas d'importance. D'après mon expérience et mon point de vue, il n'y a aucun moyen de décrire "Vous". Il n'y a aucun moyen de décrire quelque chose pour lequel il n'existe aucun mot dans nos langues.

Et vous ne pouviez pas penser l'Amour. Vous ne pouviez que faire l'expérience de l'Amour. Aimer quelque chose ou quelqu'un de tout son cœur est une expérience très enrichissante.

On ne se sent jamais épuisé, quand on aime. Avez-vous une idée de la raison pour laquelle la haute énergie est irrésistible ? Oui ? Non ? Je vous le dis, même si vous le savez au moins intellectuellement.

C'est parce que vous ressentez l'amour. Oui, c'est aussi simple que cela. Même si la personne que vous percevez comme étant dans une énergie supérieure ne sait même pas qu'elle aime une chose, un sujet ou une personne spécifique.

Si vous poursuivez un objectif satisfaisant, vous ne pouvez pas vous arrêter d'avancer.

L'étonnant pouvoir de rester en haute énergie

Ce n'est pas que vous poussez à aller de l'avant ou que vous vous forcez à aller de l'avant. Tu le fais juste parce que tu aimes ça.

C'est une énergie différente de celle qui consiste à faire quelque chose pour se déplacer. Cependant, vous n'avez pas besoin de quitter votre emploi ou de renoncer à toute forme d'apprentissage en ce moment.

Non, il faut puiser cet amour en soi. Vous pouvez même aimer les choses que vous n'aimez pas faire normalement.

Pourquoi pas ? Les choses seront beaucoup plus faciles pour vous si vous faites des choses que vous n'aimez pas avec le sourire. Plus votre énergie sera élevée, plus les choses seront faciles pour vous. Au moins, vous vous sentez bien et les autres le reconnaîtront.

Et peut-être seront-ils plus disposés à vous soutenir dans vos efforts. Tout le monde aime être entouré de personnes positives et aimantes qui nous motivent et nous inspirent.

Ok, je vous entends dire, "Ce n'est pas moi. Je ne suis pas ce genre de personne.". Encore ? Vraiment ? Eh bien, vous n'avez pas besoin d'être quelqu'un en public pour expérimenter l'impact irrésistible de la haute énergie.

Vous pourriez en faire l'expérience là où vous êtes. Faites-en l'expérience vous-même. Utilisez chaque jour les méthodes et les exercices décrits dans ce livre. Chaque fois que vous vous en souvenez, vous vous donnez plus d'énergie, plus d'amour.

Même si les choses peuvent empirer, vous continuez et vous vous donnez plus d'amour et d'énergie. C'est votre décision.

Pourquoi les choses pourraient-elles empirer ? Avez-vous déjà utilisé un balai pour nettoyer une pièce poussiéreuse ? Rappelez-vous ce qui s'est passé. Vous commencez à balayer, et la poussière se répand partout.

Étonnamment, une fois que vous avez terminé, la poussière est retombée et la pièce est beaucoup plus propre. Mais vous avez dû passer par la phase sale et continuer à balayer jusqu'à ce que la pièce soit propre.

D'un autre côté, il se peut que les choses ne s'aggravent pas pour vous. Dans ce cas, vous pourriez vous considérer comme chanceux. Le travail intérieur que vous faites en vous donnant une énergie plus élevée change les choses en vous et à l'extérieur de vous également. C'est inévitable. Mais vous devez continuer.

Retour à l'énergie irrésistible. Comme nous l'avons déjà décrit plus haut, la haute énergie est irrésistible car vous vous sentez bien quand vous l'avez et quand quelqu'un de votre entourage l'a.

L'énergie est contagieuse, qu'elle soit positive ou négative. Voulez-vous le vérifier à nouveau ? Ne croyez pas ce que je vous dis, prouvez-le par vous-même.

Bon, rappelez-vous une situation dans votre vie où vous avez été avec une personne négative. Peut-être que cette personne vous disait que tout allait de travers ou quelque chose de similaire.

Avez-vous ressenti comment votre énergie est devenue de plus en plus négative ? Si nous ne faisons pas attention à notre propre niveau d'énergie, il est facile pour les autres de nous tirer vers le haut ou de nous pousser vers le bas.

Mais aimerais-tu être un yo-yo ? Je ne pense pas. Et vous n'avez pas besoin de l'être.

Le petit contrôle que vous venez d'effectuer sur l'énergie négative, vous pouvez également le faire sur l'énergie positive.

Rappelez-vous une situation où vous avez parlé avec quelqu'un et où vous vous êtes senti de mieux en mieux à chaque instant.

Ça fait du bien, non ?

Maintenant, vous pourriez dire que vous ne pouvez pas choisir avec qui vous êtes tout le temps. C'est peut-être vrai. Mais vous pourriez décider comment vous vous sentez tout le temps.

Pourquoi ? Parce que vous décidez de suivre l'énergie des autres personnes ou l'énergie que vous décidez de ressentir.

Lorsque vous décidez de rester positif, aimant et plein d'énergie, même si les autres parlent et agissent de manière négative, que pensez-vous qu'il se passe ?

Peut-être rien, peut-être que les autres disparaissent car ils ne pouvaient pas vous tirer vers le bas, ou mieux encore, ils passent à l'énergie positive eux aussi.

En fait, ce n'est pas la haute énergie qui est contagieuse, c'est que toute énergie est contagieuse. Vous venez de découvrir que c'est le cas en faisant la petite vérification que j'ai décrite ci-dessus.

Avec un peu de chance, vous avez fait cette petite vérification. Je n'ai pas pu le faire pour vous.

Comme vous savez maintenant que toute énergie est contagieuse, seriez-vous plus disposé à vous concentrer sur votre propre énergie et à la maintenir positive et élevée ? Oui ? C'est génial.

Ce n'est peut-être pas facile, mais c'est simple. Rappelez-vous, nous avons parlé de la conscience de soi plus tôt. Elle vous aide à reconnaître vos sentiments et ce qui se passe autour de vous.

À partir de là, vous décidez à nouveau comment vous aimez vous sentir. Continuez à vous concentrer sur le sentiment que vous aimez ressentir.

Vous pourriez même vous demander : "Pourrais-je me sentir encore mieux ?" Vous pouvez répondre par "Oui" ou pas du tout. Découvrez ce qui a le plus d'impact sur ce que vous ressentez, répondre ou ne pas répondre à la question.

Continuez à augmenter votre énergie.

En outre, utilisez votre conscience de soi pour observer ce qui se passe autour de vous, lorsque vous continuez à augmenter votre énergie.

À un moment donné, vous pourriez même vous demander "Pourrais-je aimer encore plus ?". Je connais la réponse à cette question. Découvrez-la par vous-même.

Avec cette petite expérience, vous avez vérifié que l'énergie est contagieuse. De plus, vous avez peut-être entendu de nombreuses personnes suggérer de s'entourer de personnes positives.

C'est une bonne idée, mais ce n'est pas toujours possible. Vous n'avez pas besoin des autres personnes positives pour vous sentir mieux. Cela dépend de votre propre décision de vous sentir mieux.

L'étonnant pouvoir de rester en haute énergie

Oui, cela vous aide à être parmi des personnes positives pour sortir plus facilement d'une mauvaise humeur. Cependant, ce n'est pas que vous ne puissiez pas le faire vous-même.

Nous, les humains, avons tendance à croire que quelqu'un ou quelque chose a provoqué chez nous des réactions émotionnelles. Et nous avons également tendance à croire que nous avons besoin des autres pour échapper à nouveau à ces réactions émotionnelles.

Cela peut être vrai ou non. Vous devez enquêter par vous-même en regardant à l'intérieur de vous pour voir si vous avez pu être la cause de votre expérience.

Twister de l'échelle émotionnelle

Mais regardons de plus près nos émotions. Il y a tellement de théories sur les émotions. Certains disent qu'il y a sept émotions de base, d'autres disent même qu'il y a plus de 30 émotions de base.

Comme la science n'est pas encore claire à ce sujet, comment pouvons-nous être certains ? Nous ne le pouvons pas, mais nous pourrions adopter une approche très simple, qui nous suffira et qui sera illustrée ici.

Avec une émotion positive, votre énergie augmente, avec une émotion négative, elle diminue. L'illustration de la page suivante montre deux spirales. Une spirale est ascendante et l'autre descendante. Ce sont les directions de vos émotions, vers le haut ou vers le bas. Une tornade est une excellente image de nos émotions, car elles sont fortes à l'extérieur, mais il y a du calme au milieu de la tornade.

Lorsque vous examinez vos émotions, vous découvrez que même derrière les émotions fortes se trouve le calme.

Et même entre les émotions fortes, il y a le calme. J'ai nommé la torsion positive "Amour" et la négative "Haine". Ceci afin de préciser que vous ne pouviez pas être les deux en même temps.

De mon point de vue, l'amour n'est pas une émotion. L'amour est tout simplement. L'amour dont je parle ici est inconditionnel. Tout ce qui est différent n'est pas de l'amour.

L'amour inconditionnel consiste à aimer sans rien attendre en retour de l'amour que vous donnez. Oui, c'est radical, mais c'est ce que signifie inconditionnel.

Jetons maintenant un coup d'oeil à l'échelle émotionnelle Twister.

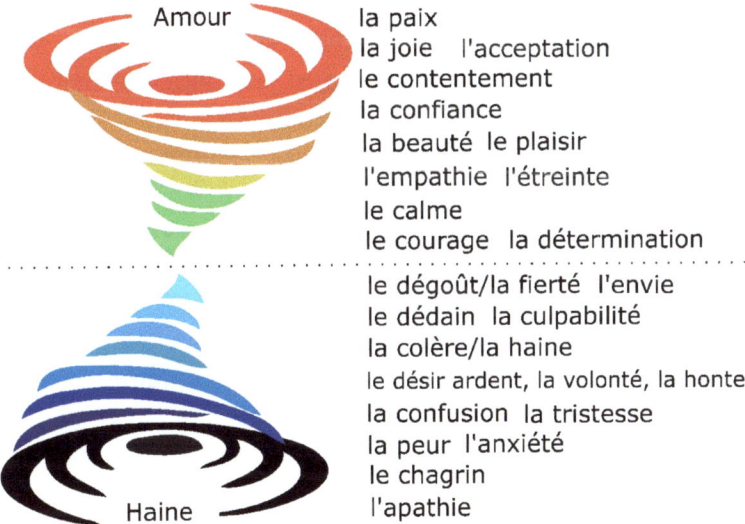

Amour
la paix
la joie   l'acceptation
le contentement
la confiance
la beauté le plaisir
l'empathie l'étreinte
le calme
le courage la détermination

le dégoût/la fierté l'envie
le dédain la culpabilité
la colère/la haine
le désir ardent, la volonté, la honte
la confusion la tristesse
la peur l'anxiété
le chagrin
l'apathie

Haine

Ne considérez pas que la liste des émotions est complète, je ne mentionne que quelques émotions pour vous donner une idée. Les émotions négatives, ainsi que les émotions positives, se situent sur une sorte d'échelle. Le dégoût/la fierté est une énergie beaucoup plus élevée que l'apathie.

D'autre part, la paix et l'acceptation sont des énergies beaucoup plus élevées que le courage et la détermination. Vous pouvez examiner vous-même n'importe quelle émotion et la placer sur l'échelle. Il suffit de ressentir l'émotion, et vous savez où elle se situe sur l'échelle. Si vous avez besoin de connaissances scientifiques, faites des recherches sur Internet. Mais ne vous laissez pas désorienter par toutes les informations que vous pouvez trouver. Maintenant, vous en savez un peu plus sur vos émotions.

Peut-être l'illustration ci-dessus vous a-t-elle aidé à mieux comprendre pourquoi la haute énergie est irrésistible. Ne pensez-vous pas qu'il est temps de récapituler ? Oui, je pense la même chose. C'est parti :

▶ La haute énergie est irrésistible car elle est contagieuse.
▶ Nous aimons tous nous sentir bien, c'est pourquoi une énergie élevée est irrésistible.
▶ Toute énergie est contagieuse, qu'elle soit positive ou négative.
▶ Vous êtes la seule personne qui décide de ce que vous ressentez.
▶ Vous pourriez être dans une énergie positive élevée même si des personnes négatives vous entourent.
▶ Il n'y a pas besoin d'être un yo-yo à l'énergie des autres, vous décidez de votre énergie.
▶ Il est facile d'augmenter votre niveau d'énergie, car cela ne dépend que de votre décision.

Tout est énergie

Je dois vous avertir que, comme vous l'avez peut-être déjà remarqué, il m'arrive de simplifier les choses pour les rendre plus faciles à comprendre. Dans la mesure du possible, je vous ferai prendre conscience que la situation peut être plus complexe qu'il n'y paraît.

Pourtant, si nous examinons vraiment la vie de près, elle est en fait très simple. Pourtant, elle semble très compliquée quand on voit toutes ses parties et leurs interconnexions.

Si vous prenez n'importe quel élément de la vie, vous découvrez qu'il est en fait très simple, si vous creusez assez profondément.

En fait, si vous creusez assez profondément, tout est énergie. Oui, l'une des plus petites formes que nous connaissons est l'atome. Peut-être pas si vous creusez encore plus profond.

Bref, un atome a un noyau et une partie qui tourne autour du noyau. Entre ces deux parties, il y a beaucoup d'espace ou rien. C'est assez intéressant. Bon, je l'ai décrit très simplement, mais c'est ce que je vous ai dit.

Tout est énergie

La science avait découvert, il y a plusieurs dizaines d'années, que les atomes ou les particules agissent différemment dans une expérience s'il y a un observateur présent ou non.

De ce qui précède, nous pouvons conclure que l'énergie influence l'énergie. Et comme les observateurs étaient des humains, cela implique que nous sommes tous de l'énergie également.

Jusqu'ici, tout va bien. Mais je suppose que vous le saviez déjà. Comme tout est énergie, vous pouvez imaginer que si vous envoyez de l'énergie négative ou faible, seule cette énergie faible ou négative peut vous revenir.

Si vous souhaitez que quelque chose de bien arrive dans votre vie, vous devez envoyer de la bonne énergie. C'est aussi simple que cela. Pourtant, ce n'est pas toujours facile. Voici un exemple de ce que je veux dire. Il y a des années, j'étais chez un client. Je partageais un bureau avec le comptable. Nous avions une bonne relation en tant que collègues de travail.

J'étais son superviseur, mais comme elle faisait un excellent travail, je n'avais pas besoin de la superviser. Quoi qu'il en soit, un matin, lorsque j'ai repris le travail (je n'y étais qu'une fois par mois pendant une semaine environ), nous avons parlé de choses qui se sont produites pendant mon absence au bureau.

À un moment donné, elle a commencé à se plaindre qu'elle avait "ce" problème avec le système ERP et que personne du département informatique n'était venu le résoudre au cours des quatre dernières semaines.

Pendant qu'elle me racontait son histoire, je lui donnais un peu d'amour ainsi qu'au département informatique.

Au bout de 5 minutes, un membre du personnel informatique est entré dans notre bureau et lui a demandé si elle avait "ce" problème avec le logiciel de l'entreprise et s'il allait le régler rapidement et immédiatement. L'expression de son visage disait : "Mais qu'est-ce qui se passe ici ?". Son problème a été résolu à ce moment-là. Si le mot "Amour" ne résonne pas en vous, parce que vous pensez qu'il n'a rien à voir avec les affaires, remplacez-le simplement par "envoyer de l'énergie positive". Maintenant, comment ai-je fait ça ? Une idée ? C'est facile. C'est vraiment facile. Aucune idée ?

> Ok, laissez-moi vous expliquer, bien que vous puissiez le faire aussi. D'abord, vous devez vous détendre. Ça ne marchera pas si vous essayez de le forcer. Tu pourrais te détendre un peu plus ? Ok, bien. Maintenant, créez une sensation agréable n'importe où en vous. Par exemple, une sensation de chaleur dans votre estomac ou autre.
>
> Développez ce sentiment jusqu'à ce qu'il remplisse une plus grande partie de votre corps. Maintenant, envoyez-le au-delà de votre corps. Il n'est pas nécessaire de concentrer l'énergie sur une personne en particulier. Vous pouvez le faire. Mais ce n'est pas nécessaire. Continuez simplement à envoyer cette agréable sensation de chaleur. Soyez témoin de ce qui se passe. Peut-être rien. Est-ce que ça pourrait être bien pour toi ? Peut-être que quelque chose que vous n'attendiez pas se produit. Ou ce que vous vouliez qu'il arrive. Quel que soit ce qui s'est passé ou ne s'est pas passé, que ressentez-vous ?
>
> Je suppose que vous vous sentez mieux. Vous voyez, même avec un si petit exercice, vous avez réussi à modifier votre niveau d'énergie.

Tout est énergie

Avez-vous eu besoin de beaucoup réfléchir pour changer votre niveau d'énergie ? Avez-vous eu besoin de le forcer ? Pas du tout. Tu as décidé et tu l'as fait. Pas besoin de réfléchir.

Même si l'envoi d'énergie positive n'a rien donné, vous vous sentez mieux en le faisant. C'est un gain énorme.

Vous êtes-vous senti épuisé en envoyant de l'énergie positive ? Non ? Ouah ! C'est incroyable, non ? Vous envoyez de bonnes vibrations et ne vous épuisez pas. Un autre grand gain, vous ne pensez pas.

D'un autre côté, l'expérience ci-dessus pourrait vous dire quelque chose sur votre vraie nature. Vous ne pourriez pas être à court d'énergie. Si vous le faites, c'est parce que vous vous dites qu'il en est ainsi.

Envoyez encore de l'énergie positive. Que ressentez-vous ? Vous sentez-vous à nouveau mieux ? Combien de fois pouvez-vous faire cet exercice simple ? Vous pourriez le faire tout le temps quand vous décidez de le faire et de le faire.

Comme tout est énergie, tout, et tout le monde, est interconnecté. Nous ne le voyons pas toujours clairement.

Ce que vous dites est une énergie. Ce que vous pensez est de l'énergie. Ce que tu ressens est de l'énergie. Ce que vous faites est de l'énergie. Ce que vous mangez et buvez est de l'énergie. Tout ce que tu utilises est de l'énergie.

J'ai oublié quelque chose ? De toute façon, même si j'ai oublié quelque chose, vous avez compris l'idée. Même vos attentes sont de l'énergie, car vos attentes SONT simplement des pensées et/ou des sentiments.

Comme tout est énergie, même vos sentiments sont de l'énergie, et ils ont un impact sur votre vie. Et pas seulement sur votre vie. Sur la vie de tout le monde. Pas seulement votre famille et vos amis.

Vos sentiments ont un impact sur vous et sur tout le monde !

Voyons voir ça. Avez-vous déjà ressenti un fort sentiment négatif venu de nulle part ? Vous vous demandez peut-être pourquoi je me sens comme ça. Votre journée avait peut-être bien commencé.

Plus tard dans la journée, il se peut que vous regardiez les nouvelles et que vous reconnaissiez qu'un événement terrible s'est produit dans une autre partie du monde, et que de nombreuses personnes se sentent tristes ou choquées.

Au cas où vous n'auriez pas vécu une telle expérience, ne vous inquiétez pas. Voici une autre façon de le vérifier : Vous avez eu un merveilleux sentiment d'amour pour une personne spécifique et vous avez peut-être pensé à l'appeler le lendemain. Tout d'un coup, cette personne vous appelle.

Je ne peux pas dire combien de fois ça m'est arrivé. Ou quelque chose de similaire. Il semble que nous, les humains, n'ayons pas encore pleinement compris à quel point nous sommes liés les uns aux autres ainsi qu'au monde et à tout ce qu'il contient.

Si nous avions compris, nous ne nous ferions pas de mal ou n'essaierions pas de nous tromper et de nous trahir. Mais c'est une autre histoire.

Tout est énergie. Même votre corps est de l'énergie. Et il est possible de la mesurer. Il y a des années, j'ai acheté un appareil qui pouvait montrer la tension électrique de mon corps.

Tout est énergie

C'est très intéressant. Lorsque je ressens de la peur, l'énergie augmente, mais c'est une énergie négative, même si elle peut être forte.

Lorsque je ressens plus d'amour, la tension électrique remonte, mais cette fois, elle est bien meilleure et positive.

Vous n'avez pas besoin d'acheter un tel appareil. Je l'ai acheté par intérêt, mais il était vraiment cher. Aujourd'hui, vous pourriez obtenir ces gadgets à un prix beaucoup plus bas, plus petits et mieux conçus.

J'espère que vous comprenez mieux maintenant que tout est énergie. Ce n'est peut-être pas nouveau pour vous d'entendre cela. Nous avons tendance à oublier, lorsque notre vie ne va pas comme nous le voulons.

Pourquoi ne pas augmenter votre niveau d'énergie si les choses ne vont pas comme vous le souhaitez ? C'est beaucoup plus facile que d'essayer de forcer les choses à changer.

Récapitulons :

▶ Tout ce qui vous entoure est de l'énergie.
▶ Ce que vous êtes, c'est de l'énergie, ce qui inclut également votre corps.
▶ Chaque énergie a un impact sur votre vie.
▶ Votre énergie a également un impact sur tout le monde et sur tout ce qui existe dans le monde.
▶ Ce que vous dites est une énergie. Ce que vous pensez est de l'énergie. Ce que tu ressens est de l'énergie. Ce que vous faites est de l'énergie. Ce que tu manges et bois est de l'énergie. Tout ce que tu utilises est de l'énergie.
▶ Même vos pensées et vos sentiments sont de l'énergie.

Comment accéder à une énergie supérieure en 4 étapes simples

Comme nous l'avons déjà dit, tout dépend de votre décision. Vous avez probablement entendu un dicton selon lequel "la vie est une décision". En fait, vous prenez des milliers de décisions chaque jour sans vous en rendre compte. Dans ce chapitre, nous examinons les mesures que vous pouvez prendre pour vous élever. La méthode décrite ici ne prétend pas être la seule façon de procéder. C'est ce que j'ai trouvé de plus simple pour moi.

Nous espérons que vous trouverez que c'est un moyen simple et facile pour vous aussi. Dans le chapitre précédent, nous avions utilisé une approche différente, qui est aussi puissante que celle que vous allez lire. Il suffit de quatre étapes pour accéder à une énergie supérieure et aucune n'implique de réflexion ou de volonté.

Les étapes

1. Prenez conscience de ce que vous ressentez
2. Décidez d'accepter ce que vous ressentez
3. Décidez comment vous aimez vous sentir
4. Sentez-vous comme vous aimez vous sentir

Comme nous connaissons maintenant les étapes, explorons-les à un niveau plus profond.

1. Prenez conscience de ce que vous ressentez

Il est important de reconnaître ce que vous ressentez. C'est la première étape de l'acceptation de ce que vous ressentez. En reconnaissant ce que vous ressentez, même s'il s'agit d'un mauvais sentiment, vous êtes moins susceptible de le supprimer.

Réprimer vos sentiments serait le contraire de ce que nous faisons ici. Prendre conscience de ses sentiments signifie commencer à les accepter, même s'ils sont horribles au moment où vous les ressentez.

2. Décidez d'accepter ce que vous ressentez

Être d'accord avec ce que vous ressentez est une acceptation totale, ce qui signifie que vous ne voulez pas vous accrocher à ce que vous ressentez ou que vous ne voulez plus changer ce que vous ressentez.

C'est comme dire "oui" à ce sentiment. Ce qui est aussi utile à faire. Vous pouvez même vous demander : "Est-ce que je pourrais être d'accord avec ce que je ressens en ce moment ?" et répondre par "Oui". Vous pourriez le faire jusqu'à ce que vous vous sentiez plus à l'aise et en accord avec ce sentiment.

Peut-être que le sentiment disparaît totalement si vous continuez avec ce processus. Jouez avec la question et la réponse ou la non-réponse. Qu'est-ce que cela signifie ?

Eh bien, demandez-vous "Pourrais-je être d'accord avec le sentiment que j'ai en ce moment ?" et ne répondez pas à la question.

Nous avons tendance à donner des réponses aux questions, mais qui a dit qu'il était nécessaire de répondre aux questions que nous avons posées à l'intérieur de nous ? Je ne sais pas. Mais c'est étonnant ce qui se passe quand on ne répond pas à la question. Essayez par vous-même. BTW, dans une vraie conversation, il n'est peut-être pas poli de ne pas répondre à une question. Mais c'est vous qui décidez.

3. Décidez comment vous aimez vous sentir

C'est une étape importante. Même avec vos sentiments, vous n'irez nulle part si vous ne décidez pas où aller. Cette étape consiste à décider de se sentir calme, heureux, joyeux, paisible, puissant, aimant, ou tout ce que vous aimez ressentir. C'est à vous de décider. Personne d'autre ne peut vous dire comment vous sentir.

Vous décidez clairement de la direction à prendre avec vos sentiments. N'oubliez pas qu'il ne s'agit pas de supprimer les sentiments que vous n'aimez pas. Acceptez d'abord ce que vous ressentez, puis décidez de ce que vous voulez ressentir.

4. Sentez-vous comme vous aimez vous sentir

Avec cette étape, vous entrez dans le sentiment que vous aimez avoir. Mais faites attention à ne pas essayer de forcer ce sentiment. Par exemple, vous décidez d'être calme et vous vous autorisez à le ressentir. Il n'est pas nécessaire de vous forcer à vous sentir calme.

Il est essentiel que vous laissiez simplement le sentiment se manifester en vous concentrant sur lui. Au début, il faudra peut-être un peu de pratique pour ressentir ce que vous voulez. Mais avec le temps, cela devient de plus en plus facile.

Voici une petite astuce que vous pouvez utiliser. Restons-en à l'envie de se sentir calme. Pendant que vous vous concentrez sur le sentiment de calme, dites simplement le mot dans votre esprit. Répétez-le aussi souvent que vous le souhaitez, mais n'en faites pas trop. Quelques fois devraient suffire. Et ce n'est pas quelque chose que l'on fait dans la précipitation.

Facile, non ? Rappelez-vous que, normalement, il n'est pas nécessaire de "penser" à la sensation que vous voulez ressentir. Ici, nous avons utilisé la pensée comme une astuce pour être concentré. Plus vous pratiquerez, moins vous aurez besoin de penser.

Je suppose que ces quatre étapes sont faciles à retenir et à appliquer. Mais elles ne fonctionneront pas pour vous, si vous ne les mettez pas en pratique pour vous-même. Mais c'est une bonne idée de vous le rappeler ou de vous en fixer un. Nous avons tous tendance à oublier les bonnes choses dès qu'un petit malheur arrive.

Ça nous rappelle toutes ces choses qui ont mal tourné. Mais normalement, il y a aussi beaucoup de choses qui se sont bien passées. Pourquoi ne pas commencer à se concentrer sur les bonnes choses plus souvent ? C'est votre décision. Si ces quatre étapes sont trop difficiles à mémoriser pour vous, voici une méthode encore plus rapide. Faites juste l'étape 4.

Correct, faites juste cette dernière étape. Ressentez ce que vous aimez ressentir. Augmentez ce sentiment encore et encore. C'est simple ? Pourtant, vous devez le faire encore et encore.

Personne d'autre ne pourrait le faire à votre place. Et je suppose que c'est si facile, que vous pourriez même avoir le sentiment que vous aimez même pendant que vous faites d'autres choses.

Ok, je sais, ça demande de l'entraînement. Tu peux le faire. Continue juste à avancer.

Une autre chose amusante est que, lorsque nous nous sentons bien et que les choses vont dans notre sens, nous cessons de faire les choses qui nous ont aidés à en arriver là.

Soyez donc conscient de continuer à aller de l'avant même si les choses évoluent dans le sens que vous souhaitez. Continuez à augmenter votre niveau d'énergie.

Ce n'est pas une question de motivation, c'est une question d'énergie

La motivation est un moyen que vous pouvez appliquer pour améliorer votre humeur. Mais il faut parfois beaucoup d'énergie pour se motiver.

En outre, la motivation est quelque chose que vous faites avec et dans votre esprit. La motivation, de mon point de vue, implique également beaucoup de volonté. Cependant, l'esprit est aussi l'endroit où se trouvent toutes ces pensées qui vous tirent vers le bas.

C'est pourquoi il faut tant d'énergie pour reprogrammer votre esprit. Vous devez y mettre plus d'énergie positive que la quantité d'énergie négative qui s'y trouve déjà.

En augmentant votre énergie, vous vous élèverez de toute façon. Il n'y a pas besoin de pensées pour augmenter votre énergie.

Il n'y a pas non plus besoin de volonté. Il faut prendre une décision, c'est tout. Et vous n'avez pas besoin de forcer les bonnes pensées ou les bons sentiments dans votre esprit. Vous permettez simplement à l'énergie de naître en vous.

Ce n'est pas une question de motivation, c'est une question d'énergie

Encore un peu d'exercice :

Comment permettre à l'énergie de naître en vous ? Eh bien, choisissons la joie comme sentiment pour cet exercice que vous allez augmenter.

Maintenant, invitez la joie à monter en vous, en vous concentrant simplement à l'intérieur et en invitant la joie à monter. N'essayez pas de ressentir la joie, invitez-la simplement à monter et observez.

Si vous en faites trop, vous forcez la joie à monter. Cela ne fonctionne pas.

Continuez à observer. Est-ce que rien ne se passe ? Bien. Pas de problème.

Faites ce qui suit. Demandez-vous "Pourrais-je ressentir plus de joie ?" et répondez à la question par "Oui". Posez-vous à nouveau la question.

Demandez-vous encore. Et encore. Et encore. Que ressentez-vous ? Je suppose que vous ressentez un peu plus de joie qu'avant, vous vous êtes demandé si vous pouviez ressentir plus de joie.

Il est intéressant de constater que juste en demandant, vous pouvez faire remonter de bons sentiments. Vous pouvez juste ressentir un peu de joie, mais cela prouve que ça marche.

Pour augmenter le niveau de joie que vous ressentez, continuez simplement l'exercice ci-dessus.

Retour à la motivation. La motivation n'est pas une mauvaise chose. Cependant, on lui accorde trop d'importance.

Tout le monde vous dit de continuer à vous motiver, et que c'est important. Mais la question est aussi de savoir si vous essayez de surmonter l'énergie négative en augmentant votre motivation ?

Si la réponse est oui, combien d'énergie faudra-t-il pour que quelque chose de positif se produise ? Honnêtement, il faut beaucoup d'énergie positive pour écraser l'énergie négative avec laquelle nous courons tous. Mais ce n'est pas un problème que l'on attaque jamais.

L'énergie négative qui est en vous sera toujours là, quelle que soit la façon dont vous vous motivez. À un moment de votre vie, il se manifestera à nouveau. Au lieu de jeter autant d'énergie pour vous motiver, pourquoi ne pas vous aimer vous-même.

Vous n'aimez pas vous aimer ? Si non, pourquoi essayez-vous de vous motiver ? Ça n'a pas de sens pour moi. Lorsque vous vous motivez pour faire quelque chose, la question est de savoir si vous vous motivez parce qu'il y a quelque chose de négatif dans votre vie que vous voulez changer.

Mais vous vous sabotez en gardant vos sentiments sur la négativité tout le temps que vous vous motivez. Inconsciemment, vous pouvez même craindre que ce que vous faites ne fonctionne pas, ou que vous puissiez tout perdre à nouveau, alors que vous avez obtenu le changement que vous vouliez.

Bien sûr, il existe de nombreuses personnes qui ont utilisé la motivation pour atteindre leurs objectifs avec succès. La plupart du temps, ils ont mis beaucoup d'énergie dans ce qu'ils ont fait.

Ce n'est pas une question de motivation,
c'est une question d'énergie

Ce n'est pas parce que tout le monde vous dit que vous devez vous motiver ou que vous devez travailler dur pour atteindre vos objectifs que c'est le seul moyen d'y parvenir.

Oui, de nombreuses personnes ont prouvé que le travail acharné permet d'atteindre ses objectifs. D'un autre côté, il y a des gens qui ont travaillé intelligemment et qui ont atteint leurs objectifs. Quel genre de personne êtes-vous ? Le travailleur acharné ou le génie intelligent ?

Les deux sont bons, quel que soit le type de personne que vous êtes. Il ne s'agit pas de "ceci ou cela", mais de "ceci et cela". Utilisez tout pour le meilleur de vous-même et de tout le monde. Oh, je ne pouvais pas le croire, mais j'ai oublié de définir clairement la "Motivation" avec vous. Ok, désolé pour ça. Comme ça m'est venu à l'esprit en ce moment, définissons ce qu'est réellement la "motivation". Tu es d'accord ?

La motivation consiste à vouloir changer quelque chose. Il peut s'agir de tout ce qui ne vous satisfait pas en ce moment. Il peut s'agir de votre forme physique, de vos revenus ou de vos conditions de vie. Même les relations.

Vous avez compris l'idée. D'après ce qui précède, la motivation semble être une bonne chose, car elle inclut la persistance et la volonté d'agir sur ce qui ne vous satisfait pas.

Mais ! Il y a beaucoup de négativité derrière, tu peux le voir ? Si non, voici un indice. Lorsque vous n'êtes pas satisfait de quelque chose, vous sentez-vous bien ? Je ne pense pas. Vous avez l'impression d'avoir "besoin" de quelque chose de mieux ou du moins de différent. En d'autres termes, vous pensez qu'il vous manque quelque chose.

Et vous voulez désespérément avoir cette chose manquante. Pourtant, vous vous "motivez" à faire quelque chose pour vous débarrasser de ce sentiment troublant de manquer de quelque chose ou de vouloir quelque chose de différent.

Ce sentiment perturbateur est négatif. Vous vous sentez mal à propos de quelque chose tel qu'il est en ce moment. Une grande motivation de mon point de vue - pour être un peu ironique ici.

Ainsi, vous vous motivez en étant négatif et vous vous forcez à être positif et à faire quelque chose à propos de la négativité. Vous essayez de tirer quelque chose de positif de votre négativité.

Hmm, ça ressemble à un grand effort. Et ça l'est, non ? Vous avez déjà essayé quelque chose de différent ? Imaginez que vous êtes satisfait de ce qui vous entoure, de ce que vous avez, de ce que vous êtes. Cela peut ressembler à penser : "Oh, ce serait bien d'être/avoir/faire...".

Est-ce que ça vous semble plus positif ? Ne vous méprenez pas, il ne s'agit pas d'éviter de vouloir quelque chose. C'est bien.

Il s'agit d'adopter une attitude beaucoup plus positive et ouverte. Lorsque vous êtes plus ouvert et positif, cela rendra l'action beaucoup plus facile et sans effort. Même si, pour voir des progrès, il faut faire des choses régulièrement. On peut dire que c'est aussi une motivation. Bien, pour moi, il s'agit plutôt d'avoir un but précis.

Être déterminé signifie que vous avez vos objectifs sous les yeux, mais que vous ne forcez rien à se produire ou à changer quelque chose. Oui, vous faites ce qui est nécessaire tout en restant ouvert et positif. Être volontaire ne signifie pas éviter d'agir.

Ce n'est pas une question de motivation,
c'est une question d'énergie

Voici une autre façon de dire ce que j'aime dire. La motivation est parfois, ou la plupart du temps, un sentiment d'insistance. Regardez simplement toutes les choses qui vous viennent à l'esprit et que vous devez/voulez changer.

Vous voulez changer vos pensées, vos sentiments, votre comportement, votre environnement, vos relations ou même votre expression personnelle. Il y a de quoi être motivé.

Vous n'avez pas besoin de vous motiver lorsque vous vous sentez bien. En avez-vous besoin ? Bien sûr que non. Vous brûlez déjà pour les choses que vous aimez faire. C'est la différence pour être en haute énergie. Votre motivation est naturelle en haute énergie et non pas basée sur la négativité comme c'est le cas la plupart du temps.

En ce moment, pourriez-vous vous permettre de vous sentir bien ? Décidez simplement que vous le pouvez. Et pourriez-vous vous sentir encore mieux ? Et plus encore ? Et encore plus ? Que ressentez-vous maintenant ? Vous sentez-vous plus léger ? Vous sentez-vous plus énergique ? Avez-vous plus envie de passer à l'action maintenant ?

Avez-vous eu besoin de vous motiver pour vous sentir bien ? Non, pas du tout. Vous décidez simplement et vous vous autorisez à vous sentir bien. Ainsi, vous n'avez pas besoin de motivation. Décidez de vous sentir bien, et vous vous sentirez bien si vous continuez à décider jusqu'à ce que vous vous sentiez bien. Et ensuite vous continuez à décider de vous sentir bien.

Cela semble simple. Pourtant, ce n'est pas toujours facile.

Soyez persévérant dans votre décision, mais n'oubliez pas de ne rien forcer.

Pour récapituler :

► Être dans une énergie élevée n'a rien à voir avec la motivation.
► Être dans la haute énergie est une décision.
► Le fait d'être dans une énergie élevée permet de faire plus facilement et sans effort les choses que vous voulez ou devez faire.
► Être en haute énergie, c'est juste génial.

Le secret de la conscience de soi

Laissez-moi commencer par une question. Croyez-vous vraiment qu'il existe un secret sur la conscience de soi ? Pour être honnête, de mon point de vue, il n'y a pas de secret. Vous avez conscience de vous-même tout le temps. Vous n'y prêtez peut-être pas attention. Nous devons d'abord définir ce qu'est réellement la conscience de soi.

La conscience de soi signifie que vous êtes conscient de vos sentiments, de vos pensées, de votre comportement, du monde, des autres personnes et de leur vie. Elle inclut également notre réaction à nos pensées, nos sentiments et notre comportement.

Cela n'a rien à voir avec l'amélioration de votre comportement ou le changement de vos sentiments. Mais c'est la première étape à franchir. Nous avons généralement tendance à utiliser notre conscience de soi pour nous intégrer dans le monde. Pour être accepté.

La conscience de soi peut sembler un peu magique, ésotérique, voire compliquée.

Le secret de la conscience de soi

Ce n'est pas le cas, comme vous l'avez déjà lu ci-dessus. C'est une capacité naturelle que chacun d'entre nous possède. Et peut-être même que les animaux l'ont. Qui sait ? N'est-il pas intéressant de voir ce que les humains sont prêts à faire pour être acceptés par les autres ? Cependant, c'est inutile. Si vous aimez vous sentir bien, n'attendez pas que quelqu'un vous donne de l'amour et de l'affection. Vous pouvez vous donner de l'amour et de l'affection à vous-même.

Oui, c'est vraiment agréable de recevoir de l'amour des autres. Il n'est pas nécessaire de se sacrifier pour cela. Plus vous vous aimez, plus les autres peuvent vous donner de l'amour aussi.

Revenons à la conscience de soi. Ma propre expérience m'a montré que la conscience de soi va bien au-delà des sens du corps. Et cela n'a rien à voir avec la prise de drogues. Et il n'est pas nécessaire d'avoir des expériences au-delà du corps pour se sentir bien ou rester en pleine forme. Vous pouvez utiliser votre conscience de soi pour accéder à une énergie supérieure. En suivant les quatre étapes décrites dans ce livre, vous utilisez déjà votre conscience de soi.

Lorsque vous êtes présent à vos sentiments du moment, vous êtes conscient de vous-même. Vous êtes alors dans une position que vous pouvez utiliser pour décider si vous voulez rester avec le sentiment que vous avez ou si vous voulez le changer. Ainsi, c'est toujours vous qui décidez comment vous vous sentez et comment vous réagissez. La conscience de soi vous aide à reconnaître le pouvoir de votre décision.

Le seul secret qui pourrait exister au sujet de la conscience de soi est de l'utiliser pour se poser les bonnes questions à soi-même et sur soi-même. Passer de la conscience de soi à l'enquête sur soi.

Il y a une chose à propos de la conscience de soi qui n'est pas reconnue la plupart du temps. La conscience de soi est subjective. Vous ne pourriez pas être conscient de vous-même objectivement, sauf que vous seriez capable de ne pas penser à vous-même lorsque vous êtes conscient de vous-même.

Le sentiment ou l'opinion que l'on a de soi comprendra toujours des pensées et des sentiments. Nous pouvons même nous désapprouver. Nous nous demandons souvent "Pourquoi est-ce que... ?". Ce type de question vous entraînera dans les abysses de l'esprit.

Les questions commençant par "Quoi", "Comment" ou "Qui" sont plus utiles. Cette dernière ne doit pas être utilisée pour chercher quelqu'un à blâmer. Car lorsqu'il s'agit de notre vie, c'est chacun de nous qui est à blâmer, pas quelqu'un d'autre.

La conscience de soi peut également se traduire par le fait d'être dans le moment présent et de reconnaître ce qui se passe à l'intérieur et à l'extérieur de soi, sans le juger. Sentir, entendre, voir, et ainsi de suite.

Certains pourraient dire qu'il s'agit plutôt de pleine conscience. Eh bien, nous, les humains, avons tendance à décrire la même chose avec des mots et des méthodologies différents. Aucune n'est bonne ou mauvaise - juste ou fausse.

Nous pourrions nous mettre d'accord sur le fait d'être dans le moment présent avec notre conscience sans aucun jugement. C'est, pour moi, la conscience de soi et la pleine conscience. C'est simple, et pourtant, nous avons tous tendance à rendre les choses plus compliquées qu'elles ne le sont.

Faisons un exercice maintenant. Inspirez profondément. Vraiment profonde, du bas de votre ventre jusqu'à votre poitrine. Détendez-vous pendant que vous inspirez. Expirez lentement. Continuez à respirer profondément dans un flux naturel. Que reconnaissez-vous ? Y a-t-il moins de pensées ? Vous sentez-vous plus calme ? Reconnaissez-vous davantage ce qui se passe à l'intérieur et à l'extérieur de vous ?

Si vous avez répondu "oui" aux questions ci-dessus, c'est merveilleux. Vous avez maintenant expérimenté ce que c'est que d'être plus conscient. Si votre réponse était "Non", essayez à nouveau. Respirez profondément et détendez-vous.

Il n'y a aucune raison d'avoir peur de cet exercice. Détendez-vous. Il ne peut rien vous arriver. Respirer profondément est plus sain car vous faites entrer plus d'oxygène dans votre corps.

Même si votre réponse aux questions précédentes est toujours "non", vous êtes conscient. Vérifiez s'il y a des sentiments. Un désir d'avoir une certaine expérience, une attente.

La conscience de soi n'a rien à voir avec des attentes ou des souhaits. Vous l'avez tout simplement. Dès que vous reconnaissez une pensée, une réaction habituelle ou autre, vous êtes conscient de vous-même. C'est facile et simple. La prise de conscience ne prend pas de temps. Vous l'êtes, mais vous devez y porter votre attention.

Oh, voici quelque chose que vous devez savoir sur la conscience de soi, qui pourrait être un peu inconfortable, mais je l'ai déjà mentionné indirectement. Plus vous prenez conscience de votre Moi, plus vous risquez de remarquer des pensées et des sentiments négatifs.

Reconnaître davantage de pensées et de sentiments négatifs pourrait être perturbant, irritant, voire accablant.

Ne vous inquiétez pas. Les sentiments et les pensées ne sont que de l'énergie. Détendez-vous et laissez-les passer. Vous ne vous accrocheriez pas à un nuage dans le ciel, n'est-ce pas ?

Donnez à vos sentiments et à vos pensées la même liberté que vous donnez à un nuage. Permettez-leur de vous traverser. En restant détendu même lorsqu'une pensée ou un sentiment vous submerge, il passera à travers.

Si vous avez l'impression de vous crisper lorsqu'un sentiment ou une pensée forte surgit, n'oubliez pas de vous détendre. Il peut même être utile de dire "oui" à ce sentiment.

Au moment où vous remarquez le sentiment ou la pensée, vous êtes conscient. Cela signifie que vous êtes conscient plus que vous ne le pensez. Bien sûr, il peut y avoir des moments où vous revenez dans le moment présent et où vous vous rendez compte que vous n'étiez pas conscient depuis un certain temps.

Ne vous désapprouvez pas à cause de cela, c'est juste arrivé. Soyez heureux d'être à nouveau conscient. Pour accroître encore votre conscience de soi, vous pouvez vous poser les questions suivantes. Cette liste n'a pas vocation à être complète, ces questions sont des exemples. Jouez avec elles et ajoutez les vôtres :

▶ Suis-je conscient ?
▶ Est-ce que j'aime ?
▶ Qu'est-ce que je vis en ce moment ?
▶ Qu'est-ce que je sens, goûte, entends, ressens ?
▶ Suis-je en paix ?
▶ Suis-je détendu ?

Le secret de la conscience de soi

Même si ce sont des questions, et que vous pourriez être tenté d'y répondre, ne répondez pas aux questions. Laissez-les se répondre d'elles-mêmes.

Concentrez-vous sur votre expérience plutôt que sur le processus mental de réponse aux questions. Que pourriez-vous faire d'autre pour augmenter votre conscience de soi ? Le plus important est d'avoir un court moment, encore et encore, où vous vous concentrez sur ce qui se passe à l'intérieur et à l'extérieur de vous.

En outre, vous pouvez utiliser des méditations pour accroître votre conscience de soi. Une bonne idée est aussi de se promener et de se permettre de tout reconnaître sans y penser. Ce dernier point demande un peu de pratique, comme vous le verrez. L'esprit intervient souvent et vous dit exactement ce que vous voyez et entendez, ainsi que certaines hypothèses qu'il calcule à partir des choses qu'il vient de commenter.

N'y faites pas attention ! Concentrez-vous sur votre expérience et laissez tout le reste couler à travers vous. Mais, maintenant, croyez-vous toujours qu'il existe un secret sur la conscience de soi ? Ou quelque chose de nouveau à ce sujet ?

Quelle que soit votre réponse, laissez-la disparaître et donnez-vous la liberté de faire l'expérience de la conscience de soi, encore et encore. Il n'est pas nécessaire de vous accrocher aux expériences que vous avez vécues jusqu'à présent. Soyez ouvert à de nouvelles expériences, soyez ouvert à de nouveaux niveaux de conscience de soi.

En outre, la conscience de soi consiste à reconnaître comment les autres nous perçoivent. Comme nous essayons tous de nous intégrer, cette partie peut demander beaucoup d'énergie.

Pourtant, nous avons peur de nous arrêter pour faire plaisir à tout le monde. S'arrêter pour plaire à tout le monde afin de s'intégrer ne signifie pas devenir une personne grossière et/ou ignorante.

Il s'agit plutôt de prendre conscience que vous avez déjà la bonne énergie en vous, et que vous n'avez donc pas besoin de forcer les autres à vous donner ce dont vous pensez avoir besoin.

N'oubliez pas que ce livre a pour but de se sentir bien, de rester dans une énergie supérieure. La conscience de soi pourrait vous aider à voir que vous voulez que les autres vous soulèvent. Cela ne marchera pas puisque tout le monde fait la même chose.

Tout le monde cherche à s'élever grâce à vous. Dans ce cas, commencez par vous élever vous-même. Ensuite, vous pourrez décider de faire de votre mieux pour aider les autres à s'élever.

Plus votre énergie est élevée, plus vous vous aidez et aidez les autres. Vérifiez par vous-même. Faites le travail et découvrez ce qui se passe.

Jusqu'ici, tout va bien. Récapitulons à nouveau :

► La conscience de soi n'a rien de secret.
► Vous êtes conscient de vous-même tout le temps, mais vous ne vous concentrez pas forcément dessus.
► La conscience de soi concerne la manière dont vous vous percevez, dont les autres vous perçoivent, ainsi que la manière dont vous vous sentez, agissez et pensez.
► La conscience de soi permet également d'être présent à ce qui se passe, ce qui vous permet d'interagir de manière plus positive. Surtout lorsque des habitudes automatiques apparaissent.

Le secret de la conscience de soi

► Il est facile de développer et de se concentrer sur la conscience de soi, il suffit de le décider. Une profonde respiration peut également vous aider.

► Il n'y a rien que vous deviez faire activement pour être conscient de vous-même. Être conscient de soi est beaucoup plus passif, mais vous pouvez être très actif lorsque vous êtes pleinement conscient.

► Plonger dans la conscience de soi peut susciter des sentiments forts. Bons et mauvais. Restez détendu et ils vous traverseront.

► La conscience de soi vous aide à vous souvenir de rester dans une énergie élevée.

Le rôle de l'environnement et pourquoi il n'a pas d'importance

Notre environnement, c'est-à-dire les personnes qui nous entourent, a un impact sur nous. Cela s'explique par le fait que nous sommes beaucoup plus interconnectés que nous le croyons et que nous avons besoin de contacts sociaux en tant qu'êtres humains.

Au cours du dernier chapitre, nous avons fait une expérience pour le prouver.

D'un côté, nous aimons être avec d'autres personnes, mais d'un autre côté, nous n'aimons pas. Cela dépend des expériences que nous avons faites dans nos interactions avec les autres. Pourtant, nous ne pouvons pas nous éloigner totalement des autres.

Par conséquent, nous devons trouver un moyen de traiter avec les autres, même s'ils déclenchent en nous des sentiments intenses.

Si vous regardez comment nous, les humains, réagissons aux bonnes choses, vous reconnaîtrez que beaucoup de gens sont plutôt négatifs face aux bonnes choses qui arrivent dans leur vie. Cela pourrait même être vrai si votre énergie devient de plus en plus élevée.

Le rôle de l'environnement et pourquoi il n'a pas d'importance

Certaines personnes feront de leur mieux pour vous tirer vers le bas. Non pas parce qu'ils n'aiment pas que vous soyez en pleine forme et que vous vous sentiez bien, mais parce qu'ils ne le sont pas eux-mêmes. C'est une habitude subconsciente que nous avons tous à un certain degré. Mais ne me croyez pas, vérifiez-le par vous-même. Vous pouvez le vérifier en observant comment les autres réagissent à votre égard lorsque vous êtes en pleine forme et que vous vous sentez bien.

La plupart des gens peuvent l'aimer, mais quelques personnes qui ne l'aiment pas pourraient suffire à vous tirer vers le bas. Surtout si ces personnes font partie de votre famille. Les membres de notre famille peuvent nous déclencher le plus. Et vous ne pourriez pas laisser votre famille derrière vous si facilement. Et ce n'est même pas nécessaire. En effet, votre famille n'est pas responsable de ce que vous ressentez. C'est vous qui l'êtes !

Votre famille, vos amis, vos collègues ou toute autre personne peuvent vous faire ressentir de mauvais sentiments, mais c'est tout de même vous qui les ressentez, et vous êtes donc responsable de vos sentiments. Lorsque vous étudiez le sujet, vous découvrez que ce que les autres disent ou font à votre égard n'a pas d'importance. Ce qui compte, c'est ce que vous ressentez. Et c'est bien sûr votre décision.

Encore une fois, il ne s'agit pas de supprimer vos sentiments négatifs. Permettez-leur d'être comme ils sont et concentrez-vous sur les sentiments que vous voulez. Ressentez la paix, la joie, ou tout ce que vous voulez. C'est votre décision. Maintenant, quel est le rôle de notre environnement ? Eh bien, permettez-moi de le dire ainsi, le rôle de notre environnement est de nous ramener à nous-mêmes.

Ici, l'environnement signifie tout et tout le monde autour de vous, même le monde entier à un moment donné.

Nous ramener à nous-mêmes signifie reconnaître notre réaction interne aux événements qui se produisent dans notre environnement et dans le monde. Simple, non ? Pourtant, rester dans une énergie positive élevée est une tâche simple, mais pas toujours facile. Il faut de la pratique.

Il est vrai qu'il est plus facile de rester positif lorsque vous êtes parmi des personnes positives. D'un autre côté, vous n'avez pas toujours le choix des personnes que vous côtoyez. Il arrivera que des personnes négatives se trouvent autour de vous.

Comme on l'a dit à propos de nos familles. Vous ne pouvez pas vous en débarrasser, et vous n'avez pas besoin de le faire. Votre famille se rendra compte que vous restez plus souvent dans une énergie élevée. Et vous apprécierez votre famille de toute façon, peu importe si elle est négative ou positive.

Nous avons tous tendance à laisser l'énergie générale d'une situation nous influencer. Mais ce n'est pas forcément le cas. Voici un exemple. Imaginez que vous êtes parmi de nombreuses personnes qui profitent d'un événement musical. Même si vous rejoignez l'événement un peu plus tard que la plupart des gens, vous ressentirez immédiatement la bonne ambiance de l'événement.

Maintenant, lorsque vous rejoignez un groupe de personnes qui sont en colère les unes contre les autres et qui se battent verbalement, vous pouvez avoir une expérience différente. Il se peut que vous preniez part à la bagarre à cause de l'énergie que vous ressentez, même si vous étiez de bonne humeur avant de rejoindre la discussion/argumentation.

Le rôle de l'environnement et pourquoi il n'a pas d'importance

Voici une petite histoire sur la façon dont j'en suis venu à voir ce qui est en haut dans notre monde. J'étais en voyage dans une grande ville où je n'étais jamais allé auparavant. Le premier jour, je me suis promené dans le quartier proche de mon hôtel.

Heureusement, j'ai réservé un hôtel proche du centre ville. En me promenant, je me suis acheté des billets pour des visites touristiques. Le lendemain, j'ai commencé par ces visites. La dernière visite guidée avait eu lieu en fin d'après-midi quelques jours plus tard. Vers la fin de la visite, le bus a traversé une petite route très lentement. Tout à coup, je me suis sentie si mal et si négative.

Partout où je me sentais, j'étais bombardé de sentiments négatifs. Environ 15 minutes plus tard, le tour s'est terminé près d'une place du centre ville. J'ai failli tomber du bus car j'avais l'impression d'être ivre. Pourtant, je n'avais que de l'eau sur moi. Pourtant, je ressentais toute cette négativité. Heureusement, il y avait une patinoire au milieu de la place du centre ville. Je m'y suis rendu et j'ai pris plaisir à regarder les gens patiner. En quelques minutes, je me suis sentie beaucoup mieux et les mauvais sentiments ont disparu.

Et je me suis sentie positive pour le reste de la journée. Depuis lors, quelque chose de semblable ne m'est plus arrivé. Pourquoi ? Parce que j'ai décidé de permettre à toute l'énergie de circuler à travers moi au lieu de la retenir. De plus, j'ai décidé d'être positif et aimant. Vous voyez, le rôle de l'environnement n'est pas seulement négatif. Il peut être à la fois positif et négatif. Mais jamais les deux en même temps. Cependant, c'est toujours à nous de choisir si nous suivons l'énergie de la meute, c'est-à-dire l'énergie de la majorité des gens.

Peu importe le nombre de personnes qui vous entourent, c'est à vous de décider d'être dans une énergie positive élevée. Vous devrez peut-être prendre cette décision plusieurs fois, encore et encore.

Quoi qu'il en soit, même si je me répète encore et encore. Votre environnement ne détermine pas votre niveau d'énergie ou la façon dont vous vous sentez.

Votre environnement a un impact sur la façon dont vous vous sentez, mais c'est vous qui décidez comment vous vous sentez. Oui, cette décision peut être prise inconsciemment. Et elle est normalement prise assez rapidement pour vous. Cela ne signifie pas pour autant que vous devez continuer à fonctionner en mode automatique. Vous pouvez écraser vos décisions subconscientes à tout moment.

Tout le monde et tout ce qui vous entoure a un impact sur vous. C'est un fait. Vous pouvez le prouver en ressentant l'énergie de la situation ou de vos conditions de vie.

Oui, vous pouvez ressentir l'énergie car vous êtes de l'énergie. Encore une fois, tout ce qui vous entoure a un impact sur votre énergie. Cependant, c'est votre énergie qui a le plus d'impact sur vous et votre environnement.

C'est votre énergie, vos sentiments, qui ont le plus d'impact sur votre vie. Si quelqu'un ou quelque chose vous fait vous sentir mal, c'est que vous avez décidé de vous sentir mal.

Il n'y a rien de mal à cela, sauf lorsque vous commencez à blâmer les autres pour vos sentiments négatifs. Personne ne peut vous donner un mauvais sentiment, sauf vous.

Le rôle de l'environnement et pourquoi il n'a pas d'importance

Je sais que c'est difficile. Mais un jour, tu le verras peut-être par toi-même, et tu assumeras la responsabilité de tes sentiments. Les bons et les mauvais.

De plus, les bons sentiments que vous éprouvez ne vous sont donnés par personne. Vous les avez en vous. Alors pourquoi ne pas utiliser votre capacité naturelle et décider de vous sentir bien tout le temps.

Même si, vous devez prendre cette décision un million de fois. Qui s'en soucie ? C'est VOUS qui vous en souciez ! Vous devriez vous soucier de ce que vous ressentez. Je suppose que vous faites tout ce qu'il faut pour garder votre corps sain et en forme. Ça veut dire manger et rester propre.

Ai-je raison ? Je crois que oui. Pourquoi ne pas faire autant d'efforts pour vous sentir bien que vous en faites pour votre corps ? C'est ta décision à la fin, de toute façon. Vous pouvez continuer et laisser le monde entier vous tirer vers le bas, ou vous décidez de vous élever. En vous élevant, vous élevez tous ceux qui vous entourent et peut-être même plus que vous ne pourriez l'imaginer.

Où que vous soyez dans le monde, dans quelles circonstances, dans quelles situations, ou dans quel pays que ce soit, il ne tient qu'à vous d'élever votre énergie. N'attendez pas que quelqu'un le fasse pour vous. Personne ne peut élever votre énergie, sauf vous.

Oui, les autres pourraient vous aider en vous donnant un coup de main, mais ce ne serait qu'un point de départ. C'est agréable si les autres font quelque chose pour vous. Je sais, ça l'est vraiment. Appréciez-le autant que vous le pouvez. Si vous creusez assez profondément, vous découvrirez qu'il y a des choses en vous que personne d'autre que vous ne pourrait changer.

N'ayez pas peur. Toutes ces choses ne sont que des souvenirs sous forme d'énergie. Et tu es la plus haute énergie de toutes. Pourquoi ne pas l'utiliser pour votre bien et celui des autres ? Ça vous paraît bien ? Super.

Faisons quelque chose ensemble dès maintenant. Augmentez l'amour que vous ressentez pour vous-même. Tu ne ressens pas d'amour pour toi-même ? Je ne le crois pas. Si, mais tu as peur qu'on te dise d'être vaniteux si tu t'aimes. C'est bizarre.

L'amour ne fait jamais de mal. L'amour apporte l'harmonie dans votre vie, et cela peut parfois être effrayant. Cependant, continuez à aimer.

Et si vous avez peur d'être trop fier de vous, ne vous inquiétez pas. Si vous vous aimez, l'orgueil n'a aucune chance.

C'est parce que l'Amour est bien plus élevé que l'orgueil. L'Amour dont je parle ici est inconditionnel, ce qui est le véritable et seul Amour qui existe. Tout ce qui est différent de cela n'est pas de l'Amour. Du moins pas de mon point de vue.

Allons-y à nouveau. Aimez-vous un peu plus. Et un peu plus. Et encore un peu plus. Laissez l'amour couler à travers vous. Que ressentez-vous ? Vous vous sentez mieux ou pire ? Vous pourriez vous sentir moins bien, car nous avons tous une relation étrange avec l'amour. Cela signifie que nous résistons à l'accepter pour nous-mêmes.

Ou bien nous n'acceptons pas l'amour pour nous-mêmes lorsque nous n'avons pas fait quelque chose de valeur pour le recevoir. Ainsi, nous avons le sentiment de ne pas être assez bons pour être aimés.

Le rôle de l'environnement et pourquoi il n'a pas d'importance

Honnêtement, il n'est pas vrai que vous devez être d'une certaine manière ou faire certaines choses pour mériter de recevoir de l'amour. Allez-y et donnez-vous de l'amour à vous-même. Oui, tout de suite. Invitez l'amour à monter en vous et observez ce qui se passe.

Vous ne pouvez pas forcer l'Amour. Il suffit de permettre et d'observer. J'espère que vous comprenez mieux maintenant pourquoi votre environnement ou les circonstances n'ont pas d'importance. Vous avez le plus grand impact sur votre monde. Lorsque vous restez dans une énergie positive élevée, vous reconnaissez que vous avez un impact bien plus important que quiconque sur votre expérience de vie.

C'est votre décision qui donne à votre environnement ou aux circonstances un pouvoir sur votre expérience. Si votre environnement ou les circonstances vous tirent vers le bas, c'est parce que vous y portez constamment votre attention.

Concentrez votre attention sur ce que vous voulez, sur votre énergie positive. Vous êtes une énergie positive. Concentrez-vous sur l'amour.

Résumons le rôle de votre environnement et pourquoi il n'a pas d'importance :

► Votre environnement, c'est tout le monde et tout ce qui vous entoure. Si vous adoptez une perspective expansive, votre environnement est l'Univers tout entier.
► Votre environnement vous renvoie à vous-même. Avec tout ce que vous ressentez, on vous rappelle de vous regarder.
► Votre environnement a un impact sur vos sentiments ainsi que sur vos actions/réactions.

SE SENTIR GRANDIOSE : C'est ta décision !

▶ Vous décidez de rester au niveau d'énergie de votre environnement.

▶ Vous pouvez décider d'être positif ou négatif, quel que soit le niveau d'énergie de votre environnement.

▶ C'est une habitude subconsciente de suivre le niveau d'énergie de notre environnement.

▶ En répétant constamment notre décision de rester positif et aimant, nous pouvons même influencer le niveau d'énergie de notre environnement.

▶ Vous décidez d'être positif ou négatif. C'est toujours votre décision. Vous pouvez être positif ou négatif, mais pas les deux en même temps.

Comment rester au-dessus Environnements et circonstances désénergisants

Nous avons tous eu des moments difficiles. L'année 2020 en a peut-être été une pour vous. Vous avez peut-être perdu votre emploi, votre argent ou, pire encore, quelqu'un que vous aimez.

Tous ces événements ont le potentiel de nous tirer vers le bas en étant négatifs. Il n'est pas nécessaire qu'il en soit ainsi. Mais cela ne signifie pas qu'il faille négliger les sentiments de tristesse, de douleur ou tout ce que vous ressentez.

Ces sentiments font partie de notre expérience humaine. Nous pouvons toujours reconnaître ce que nous ressentons et décider si nous aimons nous sentir ainsi.

Même dans les moments où il ne nous semble pas possible de nous sentir positifs tant les sentiments à venir sont forts, nous pouvons décider d'être positifs et aimants.

Il faut du courage pour laisser les sentiments naître et décider de les laisser partir. Décider de se sentir plus positif alors que de mauvaises choses se produisent dans votre vie demande de l'entraînement.

À chaque instant, vous pouvez utiliser les quatre étapes décrites dans ce livre pour changer ce que vous ressentez.

Jusqu'à présent, vous avez vu que vos sentiments sont une réaction à ce qui se passe autour de vous. Ainsi, si vous n'étiez pas dérangé par ce qui se passe, vous n'auriez pas de sentiments à ce sujet.

Vous avez également constaté que c'est vous qui décidez de suivre un sentiment ou de vous sentir différent. Tout ce qui précède a un grand impact sur votre vie. Parce que maintenant vous pouvez voir que vous n'êtes pas la victime de votre environnement ou des circonstances.

Plus vous vous enfoncez dans des sentiments négatifs, plus les choses négatives commencent à se produire dans votre vie. Ce qui est vrai pour la négativité ne peut être que vrai pour la positivité aussi.

Nous vivons dans un monde de dualité. Vous devez décider. Vous pouvez avoir ceci ou cela, mais pas les deux. De plus, vous ne pouvez pas être négatif et positif en même temps.

Vous ne pouvez pas être triste et rire en même temps. Vous décidez de faire l'expérience de l'un des deux. Cela dit, j'espère que vous avez déjà une idée de la manière de rester au-dessus des environnements et des circonstances qui tirent vers le bas. Oui, vous avez raison. Vous décidez de rester au-dessus d'eux mentalement. Votre pouvoir est votre décision. Même si, vous devez décider un millier de fois.

Combien de temps vous faut-il pour vous décider ? Honnêtement, ça prend une fraction de seconde. Quand vous décidez, vous décidez. C'est fait. Il n'y a pas à discuter du quoi, du pourquoi et du comment de votre décision, ni à se demander s'il n'y aurait pas une meilleure décision.

Imaginez que vous vous demandiez si être positif est une bonne décision lorsque vous vous sentez négatif. Pourquoi décideriez-vous d'être négatif ? Est-ce que c'est agréable d'être négatif ? Non, ce n'est pas le cas. Mais pourquoi ne pas décider d'être positif ?

Le rôle de l'environnement et pourquoi il n'a pas d'importance

Encore une fois, vous décidez de rester au-dessus de l'environnement qui vous tire vers le bas. Décidez et décidez et décidez que vos sentiments sont plus grands que tout ce qui vous entoure.

Il ne s'agit pas d'être supérieur. Nous sommes tous égaux. Nous avons tous accès au même pouvoir élevé qui se trouve en chacun de nous. Non seulement cela, mais nous avons plus de points communs que de différences.

Vous n'avez pas besoin d'être d'accord avec cela maintenant. Un jour, vous serez peut-être d'accord avec moi en expérimentant ce que je veux dire par ce qui précède. De plus, vous n'avez pas besoin de croire tout ce qui précède. Vous pouvez le découvrir par vous-même. Vous devez découvrir par vous-même que tout cela est vrai.

Parce que c'est seulement si vous le découvrez par vous-même que vous le savez. Et savoir vient de l'expérience que vous êtes l'énergie, le pouvoir. Pourtant, ce véritable pouvoir que vous êtes est très subtil. Vous pourriez l'ignorer.

Il est subtil comme l'est le véritable amour inconditionnel. Il en va de même pour l'eau, par exemple. L'eau peut être si subtile et si douce. D'un autre côté, l'eau peut être si puissante et destructrice que vous voulez vous en éloigner le plus vite possible. L'énergie qui est en vous est semblable à l'eau. Mais même si elle agit puissamment, elle peut être beaucoup plus douce que l'eau.

N'ayez pas peur. Vous ne pouvez pas vous faire du mal ou faire du mal aux autres lorsque vous utilisez avec amour votre potentiel de haute énergie. Vous l'utilisez de toute façon sans vous en rendre compte. C'est parce que vous êtes cette énergie.

Remarquez-le par vous-même. D'où tirez-vous votre énergie ? De l'intérieur de vous-même, non ? Pourriez-vous ressentir cette énergie un peu plus ? Et encore ? Et plus encore ? Et encore plus ? Que ressentez-vous ? Quoi que ce soit, laissez partir ce sentiment. Détendez-vous et laissez aller. Cependant, vous vous sentez plus léger quand vous lâchez prise. Et ce sentiment de légèreté vous montre que vous avez lâché prise. C'est ainsi que vous vous le prouvez à vous-même.

Même si je me répète, en tant qu'enfant, vous saviez instinctivement comment lâcher prise. C'est une capacité naturelle. En grandissant, nous oublions cette capacité naturelle. C'est ainsi que vous restez au-dessus des environnements et des circonstances qui tirent vers le bas. Mais récapitulons, pour avoir une vue d'ensemble :

▶ En décidant de rester positif, vous pouvez rester au-dessus des environnements et des circonstances qui tirent vers le bas.
▶ Il faut parfois s'entraîner à rester positif en permanence.
▶ C'est toujours à vous de décider quel sentiment vous suivez ou si vous en choisissez un autre.
▶ Vous ne pouviez éprouver que vos sentiments à l'égard de votre environnement ou des circonstances.
▶ Comme les sentiments que vous éprouvez à l'égard d'une situation n'appartiennent qu'à vous, c'est à vous de les laisser partir et de décider de vous sentir différent.
▶ Vous êtes le pouvoir, car c'est vous qui prenez la décision.
▶ Il s'agit de l'amour inconditionnel. Pour vous-même et pour les autres.
▶ L'amour inconditionnel est une énergie subtile mais extrêmement puissante. Vous ne pouvez pas le penser, vous ne pouvez que l'expérimenter.

Moins vous forcez, plus c'est facile

Aujourd'hui, nous voulons tous des résultats rapides. Si nous voulons quelque chose, nous le voulons MAINTENANT ! La patience semble être un mot du passé. Si nous n'obtenons pas ce que nous voulons immédiatement, nous perdons notre intérêt ou nous nous mettons en colère.

Aucune de ces réactions ne nous aide à nous sentir bien dans notre peau. Plus on force quelque chose, plus on a l'impression de s'en éloigner. Par conséquent, on force encore plus les choses.

Et plus vous le forcez, plus vous devez faire d'efforts pour y arriver. C'est tout le contraire de la façon dont ça fonctionne réellement.

Moins on force les choses, plus elles deviennent faciles. Forcer peut également signifier que vous vous obligez à faire quelque chose que vous devez faire mais que vous n'aimez pas faire.

Ne pas aimer faire la chose vous oblige à vous forcer à la faire, et cela demande beaucoup d'énergie.

Moins vous forcez, plus c'est facile

Lorsque vous décidez de le faire et de vous laisser aller à la facilité, les choses peuvent arriver plus facilement que vous ne le pensez. Nous avons tous des choses que nous devons faire et que nous n'aimons pas. Nous devons quand même les faire. Mais pourquoi ne pas les rendre aussi faciles que possible ?

Parfois, la volonté peut nous empêcher de faire ce que nous voulons. La volonté n'est ni bonne ni mauvaise. Vous et moi devons simplement prendre conscience de la manière dont nous utilisons notre volonté et du niveau auquel nous la mettons en œuvre. Plus de volonté ne signifie pas que les choses se passent mieux.

Selon les choses que vous aimez faire ou réaliser, il peut suffire d'y mettre un peu de volonté. Juste assez de volonté pour vous permettre de continuer. Ici, la volonté peut également signifier une décision que vous avez prise avec une détermination totale. Vous êtes déterminé à atteindre votre objectif.

Pourtant, vous ne forcez pas votre objectif à exister. Oui, je sais que ça semble bizarre. Imaginez simplement que vous voulez absolument que quelque chose se passe bien. Vous vous sentez un peu puissant et il y a aussi une certaine incertitude quant à la possibilité de le réaliser.

Lorsque vous vous détendez, que vous vous concentrez sur le résultat et que vous laissez les choses se produire, vous mettez une énergie beaucoup plus concentrée et élevée dans le résultat. Cela peut même sembler moins épuisant.

Le sentiment d'incertitude et de doute, quant à la possibilité d'y arriver, est assez normal. Mais cela ne signifie pas qu'il doit en être ainsi.

Lorsque vous atteignez le bon niveau de détermination et d'énergie que vous mettez dans quelque chose, vous arrivez à un point où vous savez que cela va se produire. Vous ne pouvez pas forcer les bonnes choses à vous arriver constamment. Vous devez permettre aux bonnes choses de vous arriver constamment.

Pour y parvenir, il vous suffit de vous concentrer sur ce qui se passe en vous. Vos sentiments et vos pensées sont les choses que vous devez observer.

Attendez ! N'essayez pas de forcer vos sentiments et vos pensées dans une direction spécifique. Décidez !

Décider est bien plus puissant que de forcer un changement. Les décisions sont prises en une fraction de seconde, encore et encore. Forcer quelque chose à changer, c'est y mettre de l'énergie en permanence, ce qui n'est pas nécessaire. Cette dernière solution peut être épuisante.

Soyez intelligent - Décidez !

Vous pouvez en effet réussir en mettant beaucoup d'énergie dans ce que vous voulez réaliser ou changer. Mais est-ce intelligent ? Je ne le pense pas.

Moins vous avez besoin d'énergie pour réaliser quelque chose, mieux c'est. Oui, il est parfois nécessaire de faire plus d'efforts. Cependant, cela ne signifie pas que vous devez le faire tout le temps. C'est une bonne habitude de s'observer et de reconnaître quand vous commencez à pousser les choses à se produire de l'intérieur. Détendez-vous et concentrez-vous sur le résultat final que vous souhaitez atteindre.

Ensuite, passez à autre chose. Faites ce qui doit être fait, mais faites-le avec et à partir de l'Amour.

Si vous ne pouvez pas ressentir de l'amour et/ou de la joie en faisant quelque chose, souriez simplement, et vous vous sentirez peut-être beaucoup mieux.

N'oubliez pas que vous devez décider. Vous pouvez soit sourire et être heureux, soit désapprouver et vous sentir mal. Mais vous ne pouvez pas faire les deux en même temps.

Résumons :

► Nous voulons tous des résultats rapides, voire immédiats.
► La patience semble être un mot du passé.
► Nous cherchons constamment à obtenir des résultats.
► Utiliser la volonté pure n'est pas toujours la meilleure décision.
► Prendre une décision ferme peut être encore plus puissant que d'utiliser la seule volonté.
► La volonté est utilisée pour rester concentré sur le résultat final, et non pour faire en sorte que le résultat final se produise.

Comment s'en tenir à votre décision de rester dans la haute énergie

Vous pouvez vous demander, mais il faut votre décision pour rester dans la haute énergie. Et il faut votre observation pour voir si vous vous éloignez.

Si vous vous éloignez de l'énergie supérieure, vous devez décider à nouveau de vous sentir mieux. Il s'agit donc d'un processus continu de contrôle de votre situation actuelle.

Mais attendez, cela peut sembler être beaucoup de travail. Cela peut l'être au début. Avec le temps, vous vous habituez à être conscient de ce que vous ressentez et vous pouvez vous diriger vers une énergie plus élevée.

Le processus pour rester en haute énergie est simple lui aussi. Il suffit d'une observation interne et d'une décision.

Je suppose que la dernière est quelque chose que vous attendiez déjà. Oui, il s'agit toujours de votre décision.

Juste un petit rappel. Il ne s'agit pas de supprimer des sentiments ou des pensées. Permettez-leur d'être. Ils sont juste de l'énergie.

Comment s'en tenir à votre décision de rester
dans la haute énergie

Le moment où vous reconnaissez que vous vous sentez gêné ou négatif à propos de quelque chose est le moment où vous devez décider d'être positif et aimant.

Bien sûr, vous devez répéter la décision encore et encore, mais c'est un processus rapide. La décision ne prend qu'une seconde ou moins. Ainsi, vous pouvez le faire facilement et rapidement aussi souvent que vous en avez besoin.

Il suffit de décider d'être positif et aimant chaque fois que vous reconnaissez que vous êtes négatif. Avec le temps, vous devenez plus présent à vos sentiments et à vos pensées ainsi qu'à votre énergie supérieure.

C'est par la répétition que l'on apprend et que l'on améliore les choses.

Pour résumer à nouveau :

► Observer vos pensées et vos sentiments vous aide à reconnaître quand vous vous éloignez de l'énergie positive.
► Laissez les sentiments et les pensées négatifs s'exprimer.
► C'est en prenant une décision que vous restez dans une énergie plus élevée.
► La répétition est la clé. Décidez encore et encore jusqu'à ce que vous ressentiez une énergie plus élevée.
► Utilisez le processus décrit dans le chapitre "Comment accéder à la haute énergie en 4 étapes simples" à partir de la page 49.

Comment un partenaire de responsabilité pourrait vous aider à augmenter votre énergie

Parfois, il est bon d'avoir quelqu'un autour de soi qui puisse nous indiquer la bonne direction. C'est également vrai pour rester dans une énergie plus élevée. Si vous descendez dans l'énergie négative, les autres peuvent le reconnaître avant que nous ne le fassions nous-mêmes.

Cependant, si vous avez quelqu'un qui vous connaît bien et qui est prêt à vous faire remarquer que vous n'avez pas l'air positif, cela pourrait être utile.

Votre partenaire doit savoir que cela ne doit pas être utilisé pour vous désapprouver si vous dérivez vers la négativité. Ce serait contre-productif. Il ne s'agit pas non plus de vous forcer à supprimer vos sentiments.

Par conséquent, il est logique de trouver quelqu'un qui aime aussi rester dans une énergie élevée. Vous pourrez alors vous rappeler mutuellement de rester dans une énergie élevée.

En outre, il n'est pas forcément judicieux de choisir un membre de la famille. En effet, nous sommes beaucoup plus déclenchés par les membres de la famille que par d'autres personnes.

Un très bon ami à vous pourrait être le meilleur choix pour vous. Cependant, il n'est pas nécessaire d'avoir un partenaire de responsabilité. La seule chose qui est requise est votre décision et votre détermination.

Oui, c'est encore une fois votre décision qui compte.

Comment s'en tenir à votre décision de rester dans la haute énergie

Si vous décidez d'avoir et de trouver un partenaire de responsabilité, vous découvrirez peut-être qu'il est un peu plus facile de rester dans une énergie plus élevée.

Cela est dû au fait que l'énergie élevée est contagieuse. Par conséquent, si deux personnes ou plus se réunissent avec une énergie élevée ou l'intention d'améliorer leur niveau d'énergie, l'élévation est un peu plus facile.

Ne vous méprenez pas, il n'est pas nécessaire d'avoir un partenaire. Vous pouvez atteindre une énergie plus élevée et y rester tout seul.

Parfois, ça peut toujours être une bonne idée d'avoir un partenaire. Je pense que tu as compris. Même si vous avez un partenaire, vous n'avez pas besoin de dépendre l'un de l'autre. C'est un lien libre. Vous vous rencontrez quand l'un de vous ou les deux en ont besoin.

Et comme vous le savez déjà, il ne faut pas beaucoup de temps pour accéder à une énergie supérieure. Mais comment faire quand on a un partenaire ? Eh bien, l'un pourrait guider l'autre en lui faisant suivre le processus en 4 étapes.

C'est aussi simple que cela. Vous voulez que ce soit encore plus facile ? Je l'ai deviné.

Vous pouvez simplement utiliser l'étape 4. Oui, demandez à l'autre quel sentiment il/elle aime ressentir et décidez de ressentir ce sentiment.

Par exemple, votre partenaire pourrait vouloir ressentir plus de joie. Demandez à votre partenaire de laisser la joie s'exprimer ? De laisser la joie s'exprimer davantage ? Pourriez-vous faire naître encore plus de joie ?

Et ainsi de suite. Votre partenaire peut confirmer la question par un oui ou ne rien dire et se contenter d'observer. L'une ou l'autre méthode fonctionne. Bien sûr, il est préférable de répondre si vous travaillez ensemble par téléphone. Ainsi, chacun de vous sait que l'autre utilise toujours le processus.

Savez-vous ce que nous faisons maintenant ? Oui, on se résume à nouveau :

► Un partenaire pourrait vous rappeler de rester dans une énergie positive supérieure.
► Choisissez un partenaire en dehors de votre famille, car les membres de la famille pourraient vous déclencher beaucoup plus que les autres.
► Un partenaire pourrait vous aider à vous mettre plus facilement dans une énergie positive.
► Vous n'avez pas besoin d'un partenaire, mais cela peut parfois être utile.

Une méthode en 30 secondes pour mettre fin à l'accablement ou à tout autre sentiment

Il est bon de savoir comment se sortir assez rapidement d'une mauvaise humeur.

Même si vous devez répéter le processus plusieurs fois jusqu'à ce que vous ressentiez une énergie plus élevée.

Voici une méthode simple de 30 secondes pour vous aider à sortir d'un sentiment fort :

- ▶ Respirez profondément
- ▶ Expirez lentement
- ▶ Répétez la respiration lente et profonde au moins deux fois de plus.

Vous pouvez faire tout ce que vous voulez, mais faites quelque chose de positif. Même si tu devais sauter ou résoudre une équation mathématique. Cela vous aiderait. Pourquoi ?

Parce qu'il éloigne vos pensées et vos sentiments de l'accablement ou de tout autre sentiment que vous avez et que vous n'aimez pas.

Cela ne veut pas dire que le sentiment d'accablement disparaîtra. Cette méthode vous permet simplement de reprendre le contrôle.

En vous sentant plus maître de la situation, vous pourrez alors mettre en pratique le processus simple en quatre étapes décrit précédemment. L'utilisation de la respiration profonde a plusieurs effets positifs.

Premièrement, cela vous aide à vous calmer.

Deuxièmement, il vous apporte plus d'oxygène, ce qui est de toute façon bon pour votre corps. Troisièmement, cela détourne votre esprit de la chose qui vous dérange.

Et enfin, il vous aide à vous défaire de ce sentiment alors que vous devenez plus détendu.

Lorsque vous êtes tendu, vous ne pouvez pas vous débarrasser d'un sentiment. Vous êtes trop occupé à vous y accrocher ou à essayer de l'éviter. Ce n'est que si vous vous détendez que vous pouvez laisser ce sentiment se dissoudre.

L'expérience de sentiments forts qui vous rendent tendu, c'est semblable à un chien qui est hors de contrôle et qui ne réagit à rien.

Peu importe ce que vous criez au chien, il continuera à être incontrôlable. Mais si vous parvenez à distraire le chien de ce qu'il est en train de faire, il peut se calmer, et vous gardez le contrôle.

Il nous arrive la même chose lorsque nous sommes submergés ou lorsque nous éprouvons un autre sentiment fort. Personne ne peut vous dire de vous détendre.

Votre esprit est trop occupé par la chose qui a causé l'accablement. Le fait de détourner l'esprit vers quelque chose de différent, comme respirer profondément, vous permet de reprendre le contrôle.

Comme on l'a dit, elle a tellement d'autres avantages. Il peut même vous falloir moins de 30 secondes pour faire sortir l'esprit de ses gonds. Cela ne prend qu'une seconde. Le moment où vous commencez à respirer profondément est celui où vous avez décidé d'en finir avec l'accablement.

En outre, la respiration profonde peut être effectuée dans n'importe quelle situation. Personne autour de vous ne le remarquera peut-être.

Reconnaissez-vous quelque chose ici, dont nous n'avons cessé de parler dans les chapitres précédents ? Oui ? Qu'est-ce que c'est ? Oui, vous avez raison. Encore une fois, tout dépend de votre décision.

Vous décidez de vous calmer et de vous changer les idées. Vous voyez, vos décisions sont un outil puissant. Une décision que vous avez prise sera appliquée jusqu'à ce que vous décidiez de l'arrêter ou de la modifier.

Il est semblable à un programme sur votre ordinateur. Vous lancez le programme en prenant une décision, et il continue à fonctionner jusqu'à ce que vous le fermiez. Il peut fonctionner en arrière-plan lorsque vous ne l'utilisez pas.

Il en va de même pour vos décisions. Décidez avec soin et supprimez les décisions que vous n'aimez plus prendre. Comment supprimer les anciennes décisions ? Dès que vous êtes conscient d'une ancienne décision, vous décidez simplement de l'abandonner. C'est tout.

Voici à nouveau le résumé :

- ► Respirez profondément ou faites quelque chose pour briser tout sentiment fort et intense.
- ► C'est votre décision qui fait la différence. Vous décidez d'être calme.
- ► La respiration profonde a plusieurs effets secondaires positifs.
- ► Effacez les anciennes décisions en décidant de les abandonner.

Y a-t-il un "inconvénient" à la haute énergie ?

Vous vous demandez peut-être pourquoi le fait d'avoir une énergie élevée ou de se sentir bien peut avoir un inconvénient. Eh bien, nous vivons dans un monde de dualité, donc il y a toujours deux côtés à une pièce.

Bien que ce soit une bonne chose pour vous et les personnes qui vous entourent de rester dans une énergie élevée et de se sentir bien, il peut y avoir des personnes qui n'aiment pas cela.

Cependant, l'inconvénient est que certaines personnes n'aimeront pas être ou rester avec vous, si votre énergie est élevée. Et cela peut même être des membres de votre famille. Comme nous l'avons déjà mentionné dans le chapitre sur l'environnement, nous essayons de rabaisser tous ceux qui nous entourent, si nous avons le sentiment qu'ils pourraient s'élever au-dessus de nous.

Cela se produit principalement à cause d'une habitude subconsciente que nous avons tous. Nous aimons tous être les meilleurs, les gagnants. Nous n'aimons pas être moins bons que les autres. Ce n'est pas personnel. Cela n'a rien à voir avec vous.

Y a-t-il un "inconvénient" à la haute énergie ?

En plus, c'est juste une habitude. Vous pouvez le voir en vous-même lorsque vous vous observez un peu. Toutefois, ce n'est pas une bonne idée de faire dépendre votre bien-être et votre bonheur de quelque chose ou de quelqu'un.

Plus vous aimez, plus vous aurez autour de vous les personnes avec lesquelles vous aimez passer du temps et qui aiment passer du temps avec vous.

Un autre inconvénient pourrait être que vous essayez d'ignorer tout sentiment négatif que vous pourriez avoir. Ça ne marchera pas sur le long terme.

Rester dans une énergie élevée ne signifie pas empêcher les sentiments et les pensées négatives de surgir.

Il est bien mieux d'utiliser votre niveau d'énergie plus élevé pour permettre aux sentiments et pensées négatifs de s'en aller.

En faisant ce qui précède, vous découvrirez peut-être que votre énergie est encore plus élevée.

Et ne vous demandez pas quand votre vie commence à s'améliorer ou à empirer. Si elle s'aggrave, vous devez continuer car un nettoyage est en cours.

C'est comme trier de vieilles affaires. Vous donnez ou jetez les choses dont vous n'avez plus besoin.

Cela se produit également lorsque vous augmentez votre énergie. Et bien sûr, votre vie s'améliorera à un moment donné, si vous continuez à faire le travail décrit dans ce livre.

Ne blâmez personne si vous vous arrêtez et que les choses restent les mêmes qu'avant.

C'est votre décision. Vous saviez probablement que j'allais redire ça. C'est vous qui décidez. Faites-le consciemment et dans la direction que vous voulez.

Tu as peur maintenant ? Je peux le comprendre. On ne sait jamais ce qui va se passer dans notre vie, quand on décide de faire quelque chose ou pas.

La vie elle-même est une incertitude. Une seule chose est certaine : un jour, votre corps mourra. Tout le reste est incertain.

Nous nous efforçons tous de rendre notre vie plus sûre. La plus grande certitude et sécurité que vous puissiez avoir se trouve en vous-même. Vous n'avez pas besoin de le croire maintenant.

Pratiquez les 4 étapes et découvrez-le par vous-même. Il y a peut-être d'autres inconvénients, mais aucun ne me vient à l'esprit pour le moment. Les avantages sont bien plus nombreux que les inconvénients. Ce qui précède est ce dont vous devez être conscient.

Cela dit, récapitulons :

▶ Tout le monde n'apprécie pas forcément que vous soyez dans une énergie supérieure et que vous vous sentiez bien.
▶ Nous essayons tous de rabaisser les autres si nous pensons qu'ils sont meilleurs que nous. Ce n'est pas personnel.
▶ Même les membres de la famille peuvent ne pas vouloir que vous vous amélioriez.
▶ Plus votre énergie se déplace vers des énergies de plus en plus élevées, plus il se peut que des choses et/ou des personnes quittent votre vie. C'est juste un nettoyage de votre vie. Continuez jusqu'à ce qu'elle s'améliore.

Et maintenant ?

J'espère que vous avez pris plaisir à lire ce livre et à faire les exercices. Quelles que soient vos expériences, je vous souhaite d'avoir le courage et la persévérance de continuer à utiliser les exercices dans votre vie quotidienne.

Pour poursuivre vos efforts, vous pourriez en faire une habitude régulière. Plus vous ferez souvent les exercices que j'ai décrits, plus vous vous sentirez bien.

Se sentir mieux n'est que le début de votre voyage. Plus vous vous sentirez bien, plus vous enverrez d'énergie positive, plus votre vie pourra s'améliorer.

Je ne pourrais pas vous le garantir. Parce que c'est à vous de faire ce qui est nécessaire. Je ne pourrais pas vous faire sentir mieux, je ne pourrais pas améliorer votre vie, je ne pourrais que vous montrer comment le faire vous-même.

Cependant, il y a des choses que vous pouvez faire pour que cela fonctionne pour vous. Voici quelques idées :

Et maintenant ?

- ▶ Réservez du temps pour vous chaque jour. Quelques minutes peuvent suffire pour commencer.
- ▶ Observez ce que vous ressentez.
- ▶ Reconnaissez si vous essayez de forcer le sentiment de bien-être/amour.
- ▶ Acceptez l'amour pour vous-même.
- ▶ Acceptez l'amour et la paix pour tous.
- ▶ Faites une pause de temps en temps ou plus souvent, chaque fois que vous en ressentez le besoin.Faites une pause de temps en temps ou plus souvent, chaque fois que vous en ressentez le besoin.

Si vous souhaitez bénéficier d'une assistance supplémentaire, vous pouvez vous inscrire gratuitement sur mon site web (uniquement en anglais pour le moment).

Si vous aimez ce livre et qu'il vous a aidé, j'apprécierais vraiment que vous preniez le temps d'écrire un commentaire sur l'endroit où vous l'avez acheté.

Ou bien vous envoyez un témoignage ainsi que toutes vos questions ou suggestions : books@s2executivecoaching.com

FÉLICITATIONS d'avoir lu ce livre et de vous être lancé dans un merveilleux voyage.

Je vous souhaite le meilleur dans la vie et beaucoup d'amour.

Meilleures salutations,
Stephan

Remerciements

Cette section est destinée à dire merci. Merci à toutes les personnes qui ont eu un impact sur moi et sur mon parcours.

Cela vous concerne également. Car sans vous pour lire ce livre, il manquerait quelque chose.

Bien sûr, je suis reconnaissant du soutien de mes parents, de mes amis et de bien d'autres personnes (dont vous, encore une fois). Je me sens vraiment béni.

Merci également à la Vie et à l'Amour pour m'avoir permis de vivre un voyage extraordinaire qui me rappelle sans cesse qui je suis vraiment.

Je suis reconnaissant d'avoir la possibilité de faire ce voyage et de tous ceux que je rencontre et qui m'ont aidé jusqu'à présent. Il y a déjà eu trop de personnes pour énumérer tous leurs noms ici.

Alors, MERCI, à chacun d'entre vous.

Si vous avez aimé, **Se Sentir Grandiose :** C'est ta décision ! vous aimerez peut-être aussi...

Concentrez-vous et faites ce que vous avez à faire (Disponible uniquement en anglais)

En avez-vous assez du "piège du toujours plus" ? Alors ce rapport sur un exercice de concentration pourrait être ce dont vous avez besoin. Une méthode simple mais efficace pour vous concentrer sur ce que vous voulez. Vous pouvez le télécharger gratuitement si vous êtes membre de www.selfcoaching365.com Un exercice audio de mise au point guidée est également disponible pour les membres. (Disponible uniquement en anglais)

Amour de Soi Cahier d'exercices - Aimez Tout, Tout le monde et Vous-même

Ce cahier d'exercices "Amour de Soi" a pour but de vous aider à rester positif et aimant. Il fournit des formulaires quotidiens pendant 12 semaines pour vous permettre d'accroître facilement l'amour que vous vous portez à vous-même, à tout et à tous, ainsi qu'au monde. Tout le monde cherche l'amour en permanence. Pourtant, s'aimer soi-même semble être un problème. Si nous nous aimions nous-mêmes, nous n'aurions pas besoin de courir après les autres pour qu'ils nous aiment. Mais nous avons oublié qu'être positif et aimant commence par chacun d'entre nous. Lorsque vous êtes positif et aimant, vous faites le meilleur pour vous-même, pour les autres et pour le monde. Dans ce cahier d'exercices, vous allez répondre à des questions simples, mais puissantes, pour accroître votre conscience de votre propre amour.

L'ISBN pour la version française est 9783756836949.

Référence rapide des exercices :

Les exercices commencent ou pourraient être trouvés sur les pages référencées ci-dessous.